KB260927

3분안에 OK를 받아내라!

3분안에

OK 를 받아내라!

아이디북

<h1 style="text-align:center">들 어 가 는 말</h1>

⊙ 어째서 그 사람한테는 설득을 당하는 걸까?

"오늘은 무슨 일이 있어도 거절해야지."라고 결심했건만 어찌된 일인지 "좋습니다."라고 대답을 하게 된다.

"오늘은 절대로 안 될걸."하고 굳게 마음을 다졌건만 불과 30분도 안 돼 희희낙락거리며 계약서에 도장을 꾹 찍고 있는 자신을 발견하게 된다.

이 사람과 이야기만 했다 하면 어찌된 영문인지 설득을 당한다고 말하는 사람이 있다. 그가 청산유수처럼 거침없이 뽑아내는 말솜씨로 자신을 압도하는 상대라면 오히려 쉽게 거절할 수 있을 텐데, 돌아가는 사정은 전혀 다르다.

그는 대단히 훌륭한 화술의 천재도 아니고, 산전수전에 공중전까지 다 겪은 권모술수에 능한 사람도 아니다. 한마디로 말하면, 그는 상대의 마음을 편안하게 해 주면서 이야기하게 만드는 화술의 달인인 것이다.

“그 사람과 얘기하면 기분이 좋아.”

“그는 내 능력을 잘 끌어내 줄 거야.”

“그녀라면 내 본심을 털어놓을 수 있겠어.”

누구한테나 이런 생각이 들게 만드는 사람이 있다.

‘말한다’는 것은 자신이 갖고 있는 정보를 일방적으로 상대에게 소개하는 것이기 때문에 쉬운 일이다. 그리고 ‘듣는다’는 것은 상대의 정보를 받아들여 잘 이해하기만 하면 되는 것이다.

그러나 상대를 ‘이야기하게 만드는’ 기술, 더욱이 편안한 마음으로 ‘술술 말하게 만드는’ 기술은, 단순히 말하는 기술이나 듣는 기술과는 차원이 다른 수준 높은 테크닉인 것이다.

상대가 편안한 마음으로 이야기할 수 있게 하기 위해서는 흔들리기 쉬운 상대의 마음을 바로바로 읽어내는 능력이 필요하다. 상대가 편안하게 이야기할 수 있다는 것은 내가 마음의 문을 열고 있다는 증거다. 그렇기 때문에 “사실은 말야.”, “솔직히 말하면 말야.” 하면서 결국 상대가 속내를 드러낸다.

이처럼 아주 쉽게 설득을 당하는 것도 사실은 이상한 일이 아니다. 자신의 본심을 정곡으로 찔렸기 때문에 순간적으로 설득을 당하는 것이다. 그런 의미에서 설득력이 뛰어난 사람은 이야기를 하게끔 유도를 잘하고, 타인의 본심을 꿰뚫는 달인이라 말할 수 있다.

설득력이란 본심을 숨기려 하는 상대의 마음의 문을 활짝 여는 능력이다. 상대가 편안하게 이야기할 수 있게 만드는 기술이란, 단단히 빗장을 채운 문을 불과 몇 분만에 열게 만드는 '마음의 여벌 열쇠'인 것이다. 이 여벌 열쇠를 어떻게 하면 손에 넣을 수 있을까?

이 책에서는 그 노하우를 구체적이고 실질적으로 익힐 수 있도록 가능한 한 실제적이고 현실감 있는 상황을 예로 들면서 쉽게 설명하였다.

세상에는 뛰어난 사람들이 많다. 회사를 운영하는 경영자나 어떤 분야의 리더들이 그러하다. 그러나 그들보다 더 뛰어난 사람은 인간의 심리에 정통한 사람이다. 21세기는 인간에 대해 연구를 많이 한 사람이 승리할 것이다.

나카지마 다카시

차례

제 1 장

설득력이 뛰어난 사람은 상대방이 먼저 말하도록 만든다

1. 설득을 위한 실마리를 잡아라

(1) '꾀병부리는 아이'를 학교에 보내기 위한 대화법

아침에 초등학교 1학년인 우리 집 꼬마가 느닷없이 나에게 이런 말을 꺼냈다.

"아빠 나 열이 있는 것 같아."

이마에 손을 대보니, 뭐 그리 대단치는 않았다. '아아……, 그거구나!' 과거에 있었던 숱한 전적 덕분에, 나는 그 이유를 금방 눈치 챌 수 있었다.

나 "그래? 열이 있다구? 그럼 학교는 쉬어야 하나?"

아들 "응, 응. 어쩔 수 없지만 그래야 돼?"

나 "그치만, 열은 없는데?"

아들 "있어, 분명히. 이마가 뜨거운걸."

나 "근데, 학교에서 오늘은 뭘 하지?"

아들 "뭐, 별로."

나 "화내지 않을 테니까 귓속말로 가르쳐 줄래?"

아들 "……응, 그러니까 수영을 배워."

나 "그렇구나. 수영시간에 뭘 하는데?"

아들 "풀장 안에서 잠수해."

'그래, 그랬구나. 그래서 어제 엄마와 욕조 안에서 물안경까지 쓰고 연습을 한 거로군. 그러니까 아직은 물이 무서워 잠수를 못하는 거야. 그래서 꾀병을 부리는 거로군.'

아이들은 알다가도 모를 존재다. 머리가 아프다고 생각하면 진짜로 머리가 아파지고 열도 난다. 그리고 '수영하기 싫다.'라고 생각하면 머리와 배가 아파지니 참으로 묘한 일이다.

하지만 자신이 못하는 일에도 도전해봐야 한다. 늘 도망치기만 해서는 안 된다. 어쨌든 해 보지 않고 피하는 것은 옳지 않다.

나 "알았다. 잠수를 하는구나. 아직 수영을 별로 잘하지도 못하는데 말야, 그렇지?"

아들 "응."

나 "그건 말야, 부끄러운 게 아니야. 모두들 못하는 것이고, 아빠도 못했는걸. 그러니까 물에 얼굴은 집어넣지 않아도 돼. 어쨌든 풀장 안에만 서 있으면 되는 거야. 만약 풀장 안에 들어가지 않을 거면 바깥에서 보고 있어야겠지. 그런데 이렇게 더운 날씨에 서 있기만 한다면 쓰러지지 않을까? 풀장 안은 훨씬 시원할 텐데. 그러니 얼굴은 집어넣지 말고 서 있기만 하면 돼."

아들 "정말? 하지만 선생님이 오늘은 잠수시킨다고 그랬는걸?"

나 "그래? 그치만 못하는 사람은 어쩔 수 없잖니. 풀장에 들어가는 건 싫지 않지?"

내 맘대로 선생님의 권한을 침범하고 말았지만, 선생님도 납득을 하셨다. 초등학교 1학년은 풀장 안에서 물놀이를 하는 것으로 충분하고, 잠수는 2학년 때부터 해도 된다고 하셨다.

나는 아이에게 우선 공포심만큼은 갖게 하지 않으려고 그 후로 매일 욕조 안에서 잠수연습을 시켰다. 그러자 일주일 만에 물을 무서워하지 않게 되었다. 세상에 무슨 일이든 익숙해지기 마련이니까.

(2) '왜' '어째서'에 대한 대답은 자기 머릿속에 있다

이런 경우 아이를 설득하는 방법으로는 두 가지가 있었다.

하나는 내가 앞에서 한 방법, 즉 아이의 사정 이야기를 끝까지 듣고, 마음속 깊은 곳에 숨겨져 있는 '본질'을 찾아내어 그 문제를 해결하는 방법이다.

또 다른 하나는 싫든 좋든 우격다짐으로 "무슨 나약한 소리를 하고 있는 거야! 어서 학교 가지 않으면 혼날 줄 알아!"라고 말하는 것이다. 이것은 강제적이고 위압적인 방법이지만, 회피하려는 마음에

‘채찍’을 가한다는 의미에서는 유효하다.

그러나 나는 아들의 성격으로 볼 때, 처음 방법이 훨씬 효과가 있을 것 같았다. 그리고 실제로도 그것이 옳았다. 어떤 일이든 본인에게 사정을 듣지 않으면 잘 모르는 법이다.

‘열이 있다’는 것은 ‘현상’이다. 현상이란 표면에만 나타나는 단편적인 상황이다. 그야말로 빙산의 일각으로, 수면 아래에는 수많은 정보들(본질)이 숨어 있다. 그것이 ‘사정’이라는 것이다.

예를 들면, 우리 아이처럼 “풀장에 들어가고 싶지 않아.”, “잠수하는 게 무서워.”라고 본심을 말하는 것이다.

아이는 저 나름대로 어제부터 작은 가슴앓이를 했을 것이다. 아이가 꾀병까지 생각한다는 것은 걱정되는 일이지만, 본인에게 차분히 물어보면 왜 그런 생각을 했는지 그 이유를 알 수 있다. 나머지는 아이의 잠재된 기분을 어떻게 부활시킬지, ‘대단한 일이 아니야.’라는 가벼운 기분이 들게 할 수 있는지에 초점을 맞춰야 한다.

이것은 부모이기 때문에 강요할 수 있는 것도 아니고, 일방적으로 명령하는 것도 아니다. 그렇게 한다면 본격적으로 아이가 열을 내기 시작할 게 뻔하다.

아이 스스로가 그런 기분이 들도록 유도해야 한다. 이것은 설득에서 매우 중요한 사항이다. 여기에 실패하면 정말로 학교를 쉬게 할 수밖에 없다.

유능한 카운슬러일수록 상담자가 하는 말을 부정하지 않는다고 한다. "무슨 소리가 들립니다."라고 상담자가 우겨대면 들릴 수도 있다고 생각한다. "우주인이 보여요."라고 말하면 아마 거기에는 우주인이 있는가 보구나 하고 생각한다. 상담자의 머리와 마음이 그렇게 생각하고 있다면 그럴 거라고 믿어준다. 우선 여기서부터 출발하는 것이다.

설혹 그가 잘못 생각하고 있다 해도 섣불리 나서서 충고 따위는 하지 않는다. 언제나 정답은 자신의 머릿속에 있는 거니까. 때문에 상대가 깨달을 때까지 며칠이 되었든 기다리고, 상대가 그것과는 별개로 깨달을 수 있도록 여러 가지 방법을 시도한다. 잘못 되었어도 "이렇게 하세요."라고 강압적으로 말하지 않는다. 왜일까?

그것은 상담자 자신의 내면에서 우러나온 것이 아니면 어차피 진실이 아니기 때문이다.

2. 대화는 상대를 움직이는 유일한 방법

(1) '건성으로 듣는' 것과 '귀기울여 듣는' 것

잘 알다시피 '이야기를 듣다' 라고 할 때의 '듣다' 에는 크게 두 가지의 의미가 있다.

그 하나는 '경청하다' 의 의미로 귀를 쫑긋 세우고 열심히 듣는 것을 말한다. 다른 하나는 '들린다' 이다. 이것은 자연스럽게 외부의 소리가 귀에 들어오는 것을 의미한다. 즉, '경청하다' 는 스스로 들으려고 하는 의지가 있는데 반해, '들린다' 는 내 의지와는 상관없이 소리가 제멋대로 귓속에 침투하는 것이다. 이처럼 같은 '듣기' 라도 듣는 자세에 따라 확연히 나눠진다.

인간의 귀는 매우 훌륭하다. 뭐가 그리 훌륭하냐 하면, 아무리 큰 소리라도 "이 소리는 듣지 않아도 돼."라고 의식하면 얼마 지나지 않아 이상하게도 들리지 않게 된다. 반대로 "반드시 들어야 해."라고 판단하면 귀가 스펀지처럼 아주 섬세한 소리까지도 빨아들인다. 더군다나 주의를 기울일 필요 없이 잠재의식이 원활하게 자동적으로 소리를 분별해 준다.

그렇지만 우리 귀에 보청기를 끼면 상황은 달라진다. 보청기는 기계이기 때문에 인간의 귀와 달라서 융통성을 발휘하지 못한다. 그것은 소리란 소리는 뭐든지 가리지 않고 흡수하여 듣고 싶지 않은 잡음도 볼륨이 크면 그대로 들린다.

반면 "이 말은 잘 들어야 해."라는 생각으로 작은 소리까지 들으려 하지만 나의 의지와는 상관없이 볼륨이 작으면 중요한 이야기를 했는데 전혀 들리지 않아 "지금 뭐라고 했어요?"라고 분위기를 깨는 말을 내뱉기도 한다.

당신은 타인의 이야기를 들을 때 과연 어떤 '듣기' 방식을 갖고 있는가?

상대의 말은 당신이 '건성으로 듣는다면' 하나도 들리지 않고, '귀 기울여 듣는다면' 모든 이야기가 들린다. 상대의 말을 잘 듣는 것, 그것이 이러지도 저러지도 못하는 상대의 마음을 움직이는 첫걸음이다. 평소에도 '경청해 듣는' 습관을 들이도록 하자.

(2) 일방적인 명령이나 설득은 먹혀들지 않는다

'대화'라는 것은 캐치볼과도 같다. 상대의 가슴언저리를 향해 정확히 던져주면 상대는 공을 잡기가 수월하다. 그럼에도 불구하고, 아주 가까운 거리에서 상대의 얼굴을 향해 강속구를 던지면, 공을 받고 안 받고의 문제를 떠나 위험한 공 때문에 싸움이나 절교에까지 이를 수 있다.

우리들의 대화도 마찬가지다. 상대를 배려하지 않으면 설득은커녕 먼저 이야기조차도 이어지지 않는다. 당신의 일방적인 명령이나 설득이 전혀 먹혀들지 않는 까닭은 상대에 대해 잘 알지 못하기 때문이다. 그러면 제아무리 말을 잘 알아듣도록 온갖 수단을 다 써봐도 상대에게는 '소 귀에 경 읽기'에 지나지 않는다.

내가 초등학교 시절에 이런 일이 있었다. 학교에서 급식을 했는데, 그 날 나는 빵과 우유 외에는 전혀 먹을 수가 없었다. 어느덧 30여 년의 세월이 흘렀지만, 그 당시 담임선생님과의 대화를 마치 어제 일처럼 또렷이 기억하고 있다.

선생님 "먹거라."

나 "싫습니다."

선생님 "반드시 먹어야 해."

나 "정말로 먹지 않겠습니다."

선생님 "급식은 하나도 남김없이 전부 먹어야 하는 것이 규칙이야. 먹지 않으면 5교시와 6교시 수업시간 내내 청소를 시킬 거야. 뿐만 아니라 방과 후에 남아서 마저 먹고 가야 해."

나 "한밤중이 되어도 절대로 먹지 않겠습니다!"

당시의 학교급식은 지금과는 비교할 수 없을 만큼 형편없었다. 그런데도 남기면 혼났다. 일단 먹어보지도 않고 무턱대고 싫어하는 습관을 없애려는 의도였을 것이다. 그래서 선생님도 그처럼 필사적으로 나를 몰아세웠는지도 모른다.

그러나 나로서는 먹을 수 없는 이유가 '분명히' 있었다. 그 날 급식으로 나온 반찬은 달걀부침과 계란국이었다. 나는 그 달걀을 먹을 수 없었던 것이다. 알레르기 때문에? 아니다. 알레르기는 없었다. 그렇다면 어째서 그랬을까?

사실 우리집에서는 길에서 집을 잃은 닭 한 마리를 데려다 키우고 있었다. '꼬꼬'라는 이름을 지어주고 호화로운 닭장도 만들어 주었다. 그야말로 우리집 귀염둥이로 3년 정도를 함께 살았다. 그런데 어느 날 아침, 꼬꼬가 개에게 물려죽은 모양이었다. 그때 나는 자고 있어서 아무 것도 몰랐는데 나중에 아버지와 어머니가 어깨너머로 나누는 이야기를 듣고서 알았다.

"저 녀석에겐 비밀로 해 두지."

"그래야죠."

"도망쳤다고 할까?"

"네, 그렇게 해요."

이불 속에서 부모님의 대화를 듣고 있던 나는 너무 놀라 그만 울고 말았다. 이후 우리집에서는 절대로 서로 먼저 꼬꼬 이야기를 꺼내지 않았다. 그렇지만 나는 꼬꼬의 무덤을 마당의 벚꽃나무 아래에 만들어 준 것을 알고 있었고, 한동안 "어느 놈이 범인이야?"라며 나무칼을 휘두르면서 동네를 벌집 쑤시듯 휘젓고 다녔다. 동네 개들에게도 위압을 가하고 있었기 때문에, 아무리 덩치가 큰 개라도 나만

보면 슬슬 꽁무니를 뺐다. 그 정도로 살기를 내뿜고 있었던 것이다. 나는 그때부터 "절대로 달걀과 닭고기는 먹지 않겠어."라고 마음속으로 결심했다.

그런데 학교에서 나온 급식이 온통 달걀로 만든 음식이었던 것이다. 그래서 담임선생님의 말씀을 거역할 수밖에 없었다. 나에게는 선생님의 꾸중이나 달걀로 만든 음식이 '맛있다' 라든가 '영양이 풍부하다' 라는 차원의 문제가 아니었다.

그때 나는 '선생님은 꼬꼬의 일을 알고나 저런 소리를 하시는 걸까? 왜 저토록 화를 내시지?' 하고 서글프게 느꼈던 것 같다. 한마디라도 나에게 "왜 안 먹니? 무슨 이유라도 있니?"라고 물어보시지 않을까 억울해하면서 말이다.

대화의 가장 큰 목적은 상대에게 흉금을 털어놓는 것이다. 그때 선생님이 내게 고민을 털어놓을 수 있는 기회를 주었다면, 어쩌면 마음을 다부지게 먹고 달걀로 만든 음식을 먹었을지도 모른다.

선생님 "어머, 슬펐겠구나. 그래서 못 먹는구나. 그렇게 예뻐하던 꼬꼬였으니. 하지만 꼬꼬는 네가 많은 영양을 섭취해서 좀더 튼튼한 아이가 되기를 바랄 거야. 오늘은 억지로 먹지 않아도 되지만, 앞으로는 조금씩 먹는 연습을 해야 한다? 꼬꼬가 살았을 적에는 달걀을 먹었겠지?"

나 "네, 아주 좋아했어요."

선생님 "그렇구나. 그렇다면 꼬꼬의 무덤에 가서 내일부터 먹어도 되냐고 허락을 받아오면 되겠다. 그렇지?"

 "네. 그럴게요."

실제로 그 후 몇 년이 지나서 나는 다시 달걀을 먹을 수 있게 되었다. 트라우마(보통 어렸을 때의 정신적 충격이 성인이 된 이후에도 그 영향을 미치는 '정신적 외상'을 뜻함)의 상처가 아물었을 즈음이었다. 시간이 모두 해결해 준 것이다.

♠성공대화 키워드 KEYWORD

상대에 대해 알고 싶다면 대화 속에서 실마리를 찾아야 한다. 대화의 가장 큰 목적은 서로간에 흉금을 털어놓는 것이다. 상대를 똑바로 보고, 상대의 이야기를 정확히 듣는다면 마음의 변화를 확실히 감지할 수가 있다.

"왜일까?", "어째서 그런 행동을 하는 걸까?", "왜 이렇게 생각하는 걸까?" 하고 진지한 마음으로 상대에게 다가가면 그의 본심을 분명히 깨달을 수 있다.

(3) 표정과 몸짓은 무언의 의사소통

말이 통하지 않아도 알 수 있는 세계인의 공통분모를 찾는다면 사람들의 얼굴에 나타난 표정과 몸짓을 들 수 있다. 상대의 얼굴 표정으로 누구나 알아차릴 수 있는 감정을 잘 활용하면 상대를 설득하는 데 유용한 재산이 될 것이다.

또한, 상대의 사소한 표정이나 몸짓을 잘 관찰하면 좀더 중요한 행동을 미리 유추해낼 수 있다. 표정이나 몸짓은 대화를 시작하거나 뒤로 미루는 데 매우 중요한 단서를 제공하기도 한다.

보디 랭귀지(body language)란 몸짓과 표정만으로 상대에게 나의 의사와 감정을 전달하는 중요한 수단이다. 상대방에게서 쉽게 포착할 수 있는 특징들을 참고하면 현재의 대화를 계속해야 할지 멈춰야 할지를 판단할 수 있다.

▷ 상대에게 의미를 전달하는 표정 ◁

① 행복한 표정

입과 눈언저리가 웃는 표정이며 입이 벌어져 있다.

② 슬픈 표정

눈썹이 올라가고 이마가 자꾸 찌푸려진다.

③ 놀라는 표정

입이 벌어지고 눈썹이 살짝 올라간다.

④ 화난 표정

눈썹이 내려가고 매서운 눈초리를 하면서 치아가 보인다.

⑤ 공포의 표정

눈썹이 올라가고 눈을 크게 뜨면서 입이 벌어진다.

▷ 상대에게 의미를 전달하는 몸짓 ◁

① 난 몹시 지루해요

지루해진 사람은 손가락으로 책상을 톡톡 치고, 발을 흔든다. 괜히 머리 손질을 하거나, 연필을 깎는 등 중요하지 않은 일에 신경을 쓴다. 또한, 몸은 문이 있는 쪽으로 향해 있고, 시계를 자꾸만 본다.

이런 상태에서는 상대에게 먼저 질문을 던지거나 현재 상대방이 하고 있는 행동을 지적하면, 보다 적극적으로 상대를 대화에 집중시킬 수 있다.

② 난 지금 불안해요

불안감에 시달리는 사람은 말할 때 입을 손으로 가리는 경향이 있다. 목소리는 앙칼지고, 때로 갈라지는 경우도 있다. 이런 상태에서는 말을 급하게 하며 "음……" 또는 "아!"라는 감탄사를 끊임없이 사용한다. 또한, 헛기침을 자주 하고 자신의 발을 바라보며 손을 자꾸 비틀어 대고 다리를 흔들거나 떨며 얼굴 근육이 일그러진다.

이때 상대와 대화를 이어가기 위해서는 말하기 편안한 분위기를 만들고, 인내심을 갖고 격려를 하면서 대화를 유도해야 한다.

③ 난 이제 준비가 됐어요

무언가를 하려는 준비가 되어 있을 때는 의자 앞쪽으로 몸을 기울이거나 엉덩이에 손을 붙이고 일어난다. 빨리 행동을 하고 싶다는 뜻이다. 그리고 똑바로 앉거나 선다. 눈을 크게 뜨고 반짝이며, 긴장한 상태가 된다. 또한, 몸의 움직임은 생기 있고 활달하다. 말보다 행동이 먼저 나오는 것은 당연하다.

상대방이 이러한 모습을 보인다면 계획을 당장 행동에 옮겨라! 'OK'를 받아내는 것은 시간문제다. 상대방은 이미 준비가 되어 있으니까.

④ 난 몹시 낙담하고 있어요

이런 상태는 상대의 몸짓을 통해 쉽게 알아차릴 수 있다. 손 비비기, 손으로 머리카락 넘기기, 손 또는 턱 움켜쥐기 등의 행동이 나타난다. 거친 한숨소리와 얼굴 근육에 나타나는 긴장감 등 이런 표정은 상대방의 실망과 불안한 상태를 그대로 보여준다.

상대방이 이런 상태라면 급하게 일을 맡기거나 결과를 얻으려 하기보다는 일단 그 대화에서 한 발 물러나는 것이 좋다.

⑤ 난 우월감에 빠져 있어요

　상대방보다 우월하다는 느낌을 가진 사람은 일단 표정이 편안해 보이고, 머리 뒤에 손을 끼거나 뒷짐을 지고 있는 경우가 많다. 또한, 턱과 머리는 치켜들고 의자 뒤로 깊게 앉아 있거나 벽이나 책상에 기대어 있다.

　상대방이 이러한 태도를 보인다면 순간적인 감정을 조절하고, 현안에 집중할 수 있도록 자신의 대화 기술을 발휘해야 한다.

3. 상대에게 믿음을 주는 심리 테크닉

(1) '북풍형'과 '태양형'의 말하기

인간의 말하기는 혼잣말이나 명령으로도 성립된다. 듣기는 비록 자기 맘에 달려 있지만 그럭저럭 가능하다.

그러나 상대방이 이야기하게 만드는 것은 그리 간단한 기술이 아니다. 상대가 편안한 마음으로 말할 수 있게 만드는 기술은 상대가 마음의 문을 열어주지 않으면 불가능한 일이기 때문에 최고의 난이도를 요구하는 기술이다.

이 기술은 상대가 편안한 마음으로 이야기할 수 있게 하고, 속내를 드러내게 한다. 그리고 서서히 상대의 마음을 사로잡아 자신도 모르는 사이에 "예스!"를 내뱉게 만들기도 한다.

그것은 말하는 사람의 대화방법이 상대의 심금을 울렸기 때문이다. 이것이 '태양형' 말하기의 기본이다. 표면적인 정보만으로는 틀에 박힌 답변밖에 들을 수 없다. 좀더 인간적인 말을 이끌어내기 위해서는 '아, 이 사람은 나를 이해하고 있구나.'라고 상대가 안심을 할 수 있게 만드는 것이 무엇보다도 중요하다.

재미있는 일례로, 범죄행위를 딱 잡아떼던 범인이 진실을 죄다 털어놓게 되는 것은 냉철한 '북풍형'의 취조관 앞에서가 아니라 '이 사람만큼은 내 마음을 이해해 준다.'라고 느끼게 되는 '태양형'의 취조관 앞에서라고 한다. 이것은 취조관이 늘 써먹는 '기술'이고, 용의자도 이런 사실을 알고 있는데도 불구하고 본심을 털어놓게 되는 것이다. 인간은 본질적으로 자신을 이해하려는 사람을 좋아하고, 이해해 주지 않는 사람을 싫어하기 때문이다.

상대방을 이해해 주지 않는 사람의 전형적인 태도는 '무시'와 '무관심'이다.

예를 들면, 아이들 사이에서 최악의 왕따는 '무시하는 것'이다. 또 하나, 상대에 대한 무관심은 더욱 심하다. 무시는 내 시야의 한편에서 상대를 의식하고 있는 것이지만, 무관심은 시야에도 전혀 들어와 있지 않은 것이다. 이는 상대를 전혀 관심의 대상으로 올려놓지 않은 것을 의미한다.

누구든 무시하거나 무관심한 사람에게는 자신의 속내를 절대로 드러내지 않는다. 처음 보는 점술가에게 흉금을 털어놓는 것도 그들이 열심히 듣는 자세를 보였기 때문이다. 만약 그들이 무시하거나 무관심하게 대한다면 손님이 몰려들 리가 없다.

이야기를 하게 만드는 것이 중요하다는 것은 누구나 느끼고 있을 게 분명하다. 그런데 상대방에게 이야기를 하게 만드는 일이 왜 이리도 어렵단 말인가?

상대에게 이야기를 하게 만드는 것의 어려움을 자세히 분석해 보면, 그 원인은 '듣는 사람의 태도'에 있다는 것을 알 수 있다.

① 상대가 설명하기도 전에 먼저 결정해 버린다

상사 "지금 뭐라 했나?"

부하 "그러니까, A사에 영업을 나갔다가 운 좋게 B부장님을 만날 수 있었어요."

상사 "그래, 그랬군. 그런데 일은 잘 됐나?"

부하 "그래서 말인데요, 지금부터 그 말씀을 드리려고……."

상사 "그런 건 나중에 해. 지금 바쁘니까 결론부터 말하게. 결론부터!"

부하 "결론은 일이 잘 됐다는 것입니다. 그래서 말인데요……."

상사 "됐네. 그럼 조심해서 돌아오게. 끊겠네."

"정말이지 성질 급한 것은 아무도 못 말린다니까."

누구나 한번쯤 이런 경험이 있을 것이다. 독단적인 경영자나 상사를 상대할 때 특히 그렇다. '업무보고는 결론부터'라는 것은 비즈니스의 철칙이다. 그것을 제대로 수행하지 못하는 부하를 거느린 상사는 힘들다. 그러나 부하의 입장에서 생각하면 이야기를 충분히 들어주지 않는 상사는 야속하다.

"뭐야, 결국은 결재서류에 숫자만 올리면 그만이라는 건가? 이렇게 고생을 했는데 애썼다고 조금은 위로하는 말을 해 주면 어디가 덧나나?"

이렇게 느끼는 것도 당연하다.

② 듣는 것보다 말하는 것에 대한 욕구가 강하다

대부분의 사람들에게 말하는 것은 쾌감이다. 설명회나 연설을 해야 한다면 스트레스를 받겠지만 친구들과 세상이야기를 나누다보면 거의 원맨쇼가 되는 경우도 있다. 다른 사람들의 이야기를 듣는 것보다 자신이 하고 싶은 말을 앞서서 말해 버리고 싶기 때문이다. 여자들이 모여 수다를 떨거나 여고생들이 잡담을 나누는 걸 들어보면 이 말이 딱 들어맞는다. 빠른 자가 이긴다는 법칙으로 경쟁하고 있는 것처럼 보인다.

③ 반론을 제기하려고 상대의 말을 가로막는다

이야기를 잠깐 들은 것뿐인데도 '이런 얘기였구나. 그렇다면 결론은 내가 의도하는 것과 달라지겠네. 결론을 말하기 전에 빨리 설명을 해 둬야겠어.'라고 판단하여 상대방이 이야기하는 도중에 끼어드는 사람이 있다. 이는 앞질러서 반론을 제기하고 싶기 때문인데, 상대의 입장에서 보면 규칙위반이라고 느끼는 게 당연하다. 그 원인은 섣불리 판단하는 본인의 성격에 있다.

무리수를 두면서까지 자신의 생각을 밀어붙이고 싶을 테지만, 상대는 자신의 말이 도중에 자꾸 끊기면 욕구불만에 쌓인다. 어차피 반론을 제기해야 한다면 오히려 상대의 이야기를 찬찬히 들어야 반감을 사지 않을 것이다.

④ 상대의 이야기에는 흥미와 관심이 없다

상대의 이야기가 자신에게 관심거리가 아니거나 재미없으면 너무도 빨리 마음이 떠나버린다. 답변도 건성으로 하고, 때로는 하품이 나오기도 한다. '내가 이러면 안 되는데.' 하면서도 인간의 귀는 너무 정직하기 때문에 저절로 닫혀진다. 그야말로 '겉으로 드러나는 의식은 잠재의식의 심부름꾼이다.' 라는 말이 딱 들어맞는다.

예를 들면, 결혼식이나 피로연 때 찍은 비디오를 시도 때도 없이 자랑삼아 틀어놓거나, 아이의 사진이 인쇄된 안부편지나 연하장을 보내는 사람을 경험한 적이 있을 것이다. 이때 '이것 참 재미있군.' 하고 느끼는 사람은 기껏해야 가까운 친구나 친척 정도다. 생판 남인 사람들은 그런 일에 전혀 관심이 없다. 좀 매정하게 말하자면 어찌되든 상관없는 일이다.

"우리집 애가 성적을 잘 받아서 말야."

"우리 딸애가 이번에 피아노 연주회에서 쇼팽을 쳤어."

이런 말을 들으면 상대방은 얼굴은 방긋방긋 웃고 있어도 속으로는 '그게 뭐 어떻다는 거야?' 라고 생각한다.

⑤ 상대의 이야기를 이해할 수 없다

듣고 있어도 이해할 수 없는 이야기는 산더미처럼 많다. 어떤 사람이 나에게 물리학이나 수학공식을 아무리 열심히 설명한들 아예 들으려 하지도 않을 것이다. 서로간에 '공통언어'가 없는 커뮤니케이션은 이루어질 수 없다.

"사람을 보고 법을 논하라."

이 말은 상대의 수준에 맞춰 커뮤니케이션을 하라는 뜻이다. 자신은 다 이야기했다고 생각할 것이고, 또 들었다고 생각할 것이다. 그러나 상대의 뜻이 전혀 전해지지 않는 경우가 너무 많다. 비록 말은 할 줄 알아도 그 내용을 전혀 이해하고 있지 못한 탓이다.

⑥ 상대를 싫어한다

상대를 좋아하느냐, 싫어하느냐는 매우 중요한 문제다. 싫어하는 사람이 하는 말은 설령 그것이 올바른 논리라고 해도 부정하고픈 심정이 드는 게 사실이다. 이렇게 되면 마음의 문이 자동적으로 닫혀진다.

"일은 일이다. 비록 내가 싫어하는 사람이지만 공과 사는 구별해야 한다."

이렇게 냉철한 이성을 발동시키는 사람은 좀처럼 찾아볼 수 없다. "싫어하는 사람이라서 그런지 싫은 점만 눈에 띄니 큰일이야."라고 말하는 사람이 대부분이다. 자신이 싫어하는 상대의 이야기를 순수한 마음으로 받아들이면서 듣기란 참으로 어렵다. 그것이 바로 일반적인 사람의 마음인 것이다.

⑦ 상대를 중요시하지 않는다

두 사람이 있다고 치자. 한 사람은 텔레비전에서 자주 보는 인기스타다. 그가 "이 집 라면은 영 맛이 없어."라고 말했다. 또 다른 사람은 백수건달 홍길동. 그가 "이 집 라면은 정말 최고야."라고 말했다. 그렇다면 사람들은 누구의 말을 믿을까?

적어도 과반수 이상은 인기스타의 말을 믿을 것이다. 누구의 의견을 중요시하느냐가 이야기의 신용도를 바꾼다. 신뢰도라는 것은 사회적 가치나 다름없다. 이른바 '사회적 지위'라고 하는 것이다.

사실 맛있는 라면에 대한 평가는 사회적 지위와는 전혀 상관없다. 그럼에도 불구하고 사람들은 비록 그것이 착각이었다고 치더라도 인기스타의 말을 그냥 믿어버린다. 그 이유를 심리학에서는 '헤일로 효과 (halo effect)'라고 부른다. 이것은 인물이나 사물 등 일정한 대상을 평가하면서 그 대상의 특질이 다른 면의 특질에까지 영향을 미치는 일을 말한다.

사람들은 바로 '그 사람' 즉, 인기스타가 말한 것이기 때문에 믿는다. 반면 백수건달의 말은 들을 가치도 없다라고 일단 판단을 내리면 그 즉시 어떤 말도 들으려 하지 않는다.

(2) 상대의 심중과 맞아야 이야기꽃이 핀다

이야기를 하는 것이나 듣는 것은 그리 어렵지 않다. 이야기하는 것만 놓고 본다면 자신의 지식이나 정보를 일방적으로 피력하는 것으로도 충분하다. 일방적으로 하고 싶은 말을 하면 그만인 것이다. 상대가 그 이야기를 듣고 어떻게 받아들일지는 상관이 없다. 따라서 이만큼 쉬운 일도 없다.

예를 들면, 스피치나 강연이 그러하고 결혼식의 주례사나 인사말도 그렇다. 그런데 이때 게중에는 이것이 굉장히 서툰 사람도 있다. 이야기의 내용이 진부하거나 목소리가 작아서 알아들을 수 없거나,

따분한 이야기임에도 불구하고 본인은 전혀 눈치 채지 못한 채 줄줄이 쏟아 내는 그런 사람 말이다. 그는 어떻게 그런 이야기를 계속 할 수 있는 것일까?

이것은 우리가 이야기를 한다는 것은 본디 일방적인 액션이고 상대방이 알고 있는지 어떤지, 흥미를 갖고 듣는 건지 어떤지 따위야 어찌되든 아랑곳없기 때문에 가능하다. 하지만 그런 사람들은 결국 상대방에게 이렇게 질문을 해 온다.

"정말로 내 얘기를 듣고 있는 겁니까?"

이때 대답은 뻔하다.

"아뇨, 듣고 있지 않죠. 듣고 있는 척을 하고 있을 뿐이죠. 때문에 건성으로 대답하거나 음식을 먹거나 옆 사람과 재잘재잘 잡담을 나누거나 하는 것입니다. 강연회에서는 잠만 자는 것이고요."

한편, 물어보는 행위도 그리 어려운 일이 아니다. 왜냐하면 상대에 대해 흥미, 관심, 호기심이 있으면 어느 정도는 가능하니까.

"어떤 방법을 썼기에 매상이 이렇게나 오른 거죠?"

"왜 그 사람과 결혼했죠?"

"어째서 책임량을 달성하지 못한 거지?"

이처럼 자신의 호기심이 발길 닿는 대로 물으면 되는 것이다. 그러면 상대는 싫은 질문을 받더라도 마지못해 대답해 준다. 그러나 이 '마지못해' 라는 것을 잊어서는 안 된다.

이때는 이야기를 하고 있어도, 듣고 있어도 상대의 마음은 열리지 않는다. 때로는 적당히 얼버무리며 대답할지도 모르고, 거짓말을 할지도 모르고, 완전히 방향이 빗나간 동문서답을 할지도 모른다. 왜냐하면 그것은 질문 내용이 상대방과는 아무런 상관도 없는 일이기 때문이다.

상대가 하나둘씩 본심을 털어놓게 만들기 위해서는 나의 일방적인 지식이나 정보만 갖고 대처해서는 안 된다. 내가 호기심을 갖고 묻더라도 상대는 아무 것도 흉금을 털어놓고 이야기하지 않을 테니까. 상대가 이야기하게 만들려면 "나는 바로 그런 질문을 기대하고 있었습니다." 또는 "나는 그 말을 하고 싶었던 겁니다."라고 말할 수 있을 정도로 상대방의 심중과 맞지 않으면 안 된다.

'이야기꽃을 피운다.'라는 말이 있는데, 꽃을 피우기 위해서는 서로의 심중이나 의도, 느낌 등이 정확히 맞아야지, 그렇지 않으면 이야기꽃이 피지 않는다. 따라서 그런 리듬이나 파장만 잘 맞추면 어떤 상대를 만나더라도 설득은 그리 어려운 일이 아니다.

(3) 먼저 나를 찾자, 업그레이드 자신감

상대와 대화를 나눈다는 것은, 결국 '나'의 마음을 '남'에게 표현하는 것이다.

이때 설득력 있고 확신 있는 말을 하기 위해서는 '자신감'을 가질 필요가 있다. 자신감은 사람의 잠재력을 자극하는 열쇠이다. 자기 암시를 통한 자신감의 회복은 무슨 일에서든 눈에 띤 성과를 올릴 수 있다.

① '나는 할 수 있다'라는 자기 암시를 준다

자신감 없고 우울한 마음을 갖고 있는 상황에서 대화를 시도할 때 나의 이야기를 상대에게 제대로 어필할 수 없는 것은 당연하다. 당신의 생각이 말을 만들고, 말이 행동을 만든다. '나는 할 수 있다'라는 자기 암시를 걸고 상대와 부딪쳐보자. 자신감을 업그레이드하는 길만이 상대를 설득할 수 있는 유일한 방법이 될 것이다.

② 상대와 대화할 내용을 미리 정리한다

막상 대화에 들어가면 생각했던 말들이 머릿속을 맴도는데도 입 밖으로 나오지 않아 당황했던 순간들을 경험해 본 적이 있을 것이다. 말도 연습이 필요하다.

실전에서 한번에 성과를 올리려면 무작정 회의 테이블에 앉는 것보다 철저한 준비와 연습을 해야 한다. 그게 프로다. 미리미리 대화 내용을 준비하면 자신감 넘치는 목소리로 상대에게 신뢰를 높일 수 있고 협상의 성과를 눈으로 당장 확인할 수 있을 것이다.

③ 성공을 거둔 모델을 찾아 노하우를 배운다

협상에서 성공하고 싶다면 성공한 사람들의 설득 대화 노하우를 배워야 한다. 실적이 뛰어난 사람들에게는 상대의 이야기를 이끌어내고 설득하고 성과를 얻어내기까지 그들만의 독특한 대화 방법이 있다.

만약 고객과의 대화가 부담스럽다면 영업실적이 높은 사람들의 말하기 습관을 유심히 관찰하고, 그와 비슷한 상황에 처했을 때 그의 대화 노하우를 인용해 보는 것 또한 나쁘지 않은 방법이다. '모방은 창조의 어머니다.' 라는 말이 있지 않은가.

성공하는 사람들에게는 성공할 수밖에 없는 이유와 방법이 있는 법이다. 성공한 사람들의 말하기 방법을 살펴보면 분명 나와는 다른 부분을 발견하게 될 것이다.

④ 긍정적인 사고와 표현 습관을 갖는다

일반적으로 사람들은 "Yes?"라고 물어야 "Yes!"라고 대답한다.

"이 물건 안 사시겠어요?"라고 물으면 "안사요."라고 대답한다. "이 물건 참 좋아요. 사시겠어요?" 하면 "네."라고 대답한다. 내가 긍정적인 뉘앙스로 말하면 'Yes'라고 대답할 확률은 몇 갑절 높아진다.

부정적 사고를 가진 사람은 부정적인 말을 잘 하고, 긍정적인 사고를 가진 사람은 매사 긍정적인 말을 잘 한다. 부정적인 말은 부정적인 결과를 얻기 마련이고 긍정적인 사람은 긍정적인 결과를 얻는다.

사람이 어떤 생각을 하느냐에 따라 그 사람의 표정, 몸가짐, 그리고 말투까지도 달라지는 법이다.

① 일상의 화젯거리로 대화를 시작하라

"날씨가 너무 덥네요. 여름휴가 다녀오셨어요?"

"자주 시청하는 TV프로가 있나요? 저는 드라마를 주로 보는데⋯⋯"

처음 만난 상대와는 날씨 이야기나 현재 화제가 되는 뉴스나 일상적인 이야기로 친근하게 다가가는 것이 좋다. 취미나 기호, 습관, 가족과 친구들의 이야기, 일에 관한 이야기를 선택하는 것도 자연스럽게 말문을 여는 열쇠가 된다.

일상의 이야기로 자연스럽게 말문을 연 다음, 상대방의 성격이나 말하는 스타일 등을 배려해 조금 더 깊은 화젯거리로 들어가는 것이 자연스럽다. 그러면서 구체적인 업무 내용이나 제품 설명을 추가하면서 대화의 주제를 키워 가는 것이다.

② 상대의 기분이 어떤지 고려해 화제를 선택하라

사회적으로 성공한 사람들의 공통점 중 하나는 상대의 섬세한 감정 부분까지 살필 줄 안다는 것이다. 작은 일이라도 상대의 심중을 헤아려 상황에 맞는 적절한 화제를 던질 줄 아는 사람이 말 잘 하는 사람이다.

이야기란, 그날그날 상대의 감정에 따라 충분히 달라질 수 있다.

상대의 기분이 좋지 않을 때와 상대의 기분이 좋을 때를 잘 맞춰가면서 그에 맞는 화제를 선택하는 것이 좋다.

③ 상대에게 먼저 질문을 던져라

상대가 대답할 수 있는 질문을 먼저 던져주는 것은 말수가 적은 사람이나, 무뚝뚝한 사람과 이야기하는 데 있어 좋은 방법이다. 이 때 우선 상대가 대답하기 쉬운 것으로 질문해야 한다.

또한, 한꺼번에 너무 많은 질문을 하거나, 개인의 신상문제 등 대답하기 곤란한 질문을 하면 상대방을 대화로 이끌어내는 데 아무런 도움이 되지 못한다.

제 2 장

상대가 편안하게
말할 수 있는 분위기 조성

1. '대화형 커뮤니케이션'을 추구하라

(1) '모놀로그형' 대화와 '다이얼로그형' 대화

나는 요시모토홍업의 도쿄 지사장으로 근무했던 요코자와 도라씨로부터 재미있는 이야기를 들었다.

"어느 연출가가 말하기를, '요즘 배우들은 모두 모놀로그가 대단히 뛰어나다. 하지만 다이얼로그에서는 맥을 못 춘다. 오디션을 치러보면 그것을 통감한다.'고 그래요. 그것은 나도 동감입니다. 개그콤비도 그렇죠. 둘이서 서로 주고받는 만담에는 재미와 익살이 들어 있어야 하는데, 요즘엔 이것이 잘 맞물리지를 못해요. 콤비간의 커뮤니케이션조차 어긋나기 때문이죠. 혼자 하는 것은 재미있는데 둘이서 하면 재미가 없단 말이에요. 아무래도 그 까닭은 요즘 사람들이 어릴 적부터 친구들과 이야기를 한다거나 함께 토론을 했던 경험이 부족한 탓이 아닌가 싶습니다."

'모놀로그'란 혼자서 대사를 읊는 것이고, '다이얼로그'란 서로간의 대화이다.

아무래도 요즘 젊은이들은 집에서 혼자 컴퓨터게임을 즐기면서 자랐기 때문에 팀을 이루어 뭔가를 같이 만들어 낸다거나, 때로는 대립을 하더라도 상대를 설득시키려고 노력했던 경험은 별로 없었을 것이다.

　나는 혼자서 하는 연극이 더 어려울 거라고 생각했다. 그렇지만 정작 프로의 세계에서는 그렇지 않은가 보다. 혼자 하는 연극은 대사만 잘 외우고 있으면 자신의 페이스대로 할 수 있기 때문에 그리 어렵지 않다는 것이다. 그래서인지 요즘 배우들은 혼자 하는 연극만큼은 다들 거뜬히 해낸다고 한다.

　그런데 문제는 다이얼로그, 즉 대화이다.

　이것은 상대와의 거리감, 타이밍, 간격, 리듬 등을 종합적으로 판단하지 않으면 불가능하다. 따라서 자신의 대사뿐만 아니라 상대의 대사나 동작까지도 늘 생각하고 있지 않으면 연극이 순조롭게 진행되지 않는다. 그래서 출연자가 무대와 제대로 조화를 이루기 위해서는 상당한 시간이 걸린다. 그만큼의 시간과 노력을 들이지 않으면 관객이 반응을 보이지 않는다.

　일본에서 만담이 최고의 전성기를 누리던 시대에는 "애깃거리가 만담의 소재로 정착될 때까지 50회 정도 방송을 내보내야 알 수 있다."는 말이 있었다. 즉, 상대방과의 다이얼로그에서는 그만큼 숙성시간이 필요하다는 것이다.

(2) 꼬리에 꼬리를 물고 대화를 이어가라

　모놀로그는 혼자 말하는 것이고, 다이얼로그는 상대가 이야기하게 만드는 것이다. 이것을 내가 하는 일에 비유하자면, 강연은 모놀로그이고, 대담이나 심포지엄은 다이얼로그가 된다.

강연은 많은 청중을 상대로 하는 것이지만, 일방적으로 내 얘기를 하는 것이라고 볼 수 있다. 외견상으로는 분명히 '일 대 다수(一對多數)'의 관계지만, 내용적으로 볼 때는 '일 대 영'의 관계다. 왜냐하면 나는 말을 하지만, 청중들은 말을 하지 않기 때문이다. 극단적으로 말하면 '강연은 독백이다.'라고 할 수 있다. 그렇기 때문에 나는 강연 요청을 그리 달가워하지 않는다.

하지만 심포지엄이나 대담 요청을 받으면 신바람이 나서 참석한다. 때문에 주위 사람들로부터 희한하다는 말을 듣는데, 그 차이는 전적으로 자기 공부가 되느냐, 아니냐의 문제인 것이다.

강연은 아웃풋(Out put, 출력)만 있고 인풋(In put, 입력)은 거의 없기 때문에 공부가 되지 않는다. 그러나 대담이나 심포지엄은 상대와 토의를 한다. 대담은 '일 대 일' 대응이 아니라, 논의를 벌이면서 상대가 어떻게 응수해 오느냐에 따라 서로 화학변화를 일으키기 때문에 '다 대 다' 커뮤니케이션이 성립하는 장이다.

그 변화의 커뮤니케이션이 대체 어디까지 확대되어 나갈지는 아무도 모른다. 나로서도 미지의 세계와 예상치 못한 만남이 이루어짐으로써 새로운 발견을 많이 하기 때문에 참으로 즐거운 시간이다.

사람들은 당연히 "강연이 쉽지. 2시간만 때우면 강연비를 챙길 수 있으니까 말야." 하고 말할 것이다. 그러나 이렇게 아웃풋만 계속 하면 이야기에 신선도가 떨어지고 일방적인 독백만 하게 된다.

그러나 대담은 다르다. 상대에게 이야기를 시키다보면 이야기꽃이 피고, 점점 새로운 화제가 꼬리에 꼬리를 물고 퍼져나간다. 마치 작은 눈덩어리가 데굴데굴 굴러가면서 큰 눈덩어리로 불어나고 이 것으로 눈사람이 만들어지는 것과 같다. '일 대 다수'에서는 한 가 지를 정보를 얻는다면, '일 대 일' 커뮤니케이션에서는 상대에 관 한 무한한 정보를 얻을 수 있다.

2. 상대가 말하고 싶게 만드는 질문방식

(1) '아날로그형' 대화와 '디지털형' 대화

상대에게 차츰차츰 이야기하게 만들기 위해서는 '예스'나 '노'로 대답할 수 없는 질문을 던져야 한다. 물론 처음 대면하는 상대에게 말을 걸기 위해서는 때로 이런 질문도 필요하다.

그것을 나는 'educing'이라고 부른다. 'educe'란 '짜낸다, 이끌어낸다'라는 의미를 가진 말이다. 이것의 명사형은 모두들 잘 알고 있는 'education(교육)'이다. 교육이란 '능력을 짜내는 것, 이끌어내는 것'이다.

그런데 상대의 본심이든 능력이든, 아무튼 이런 것들을 알기 위해서는 '예스'나 '노'라는 양자택일의 답변을 하게 만들어서는 안 된다. 그런 '디지털형' 대화방식으로는 지속적으로 이야기를 이끌어낼 수 없다.

지금 세상에는 디지털이 만연하고 있다. 디지털의 명사형 'digit'는 '아라비아 숫자의 0~9'라고 하는 의미다. 그것은 숫자로 모든 것을 바꿔놓을 수 있기 때문에 무엇이든 애매하지 않고 명확하게 표현할 수 있다. 그러나 핀 포인트로 정확히 누르지 않으면 아무런 반응이 없다.

즉, 라디오라면 '들리는가, 들리지 않는가'이고, 텔레비전이라면 '보이는가, 보이지 않는가' 하는 양자택일의 방식만 있을 뿐, 그 외에는 달리 대답할 방법이 없다. 이것이 디지털형 대화의 한계이다.

예를 들어, 당신이 퀴즈 프로그램에 출연했다고 하자.

거기서 "도쿠가와 막부 최후의 장군은 누구일까요?"라는 문제를 받았다. 당신은 필사적으로 기억을 더듬을 것이다. 뭐니뭐니해도 막대한 상금이 걸려 있으니까 최선을 다해야 한다고 생각할 것이다. 그러나 낭패다. 정답이 도무지 기억이 나질 않는다. '옛날에 역사책에서 배웠는데, 텔레비전 드라마에도 나왔던 인물인데……' 하면서 머리에 쥐가 나도록 애써보지만 도저히 이름이 떠오르질 않는다. 그래서 당신은 사회자에게 이렇게 중얼거린다.

"도쿠가와 이에야스는 아니겠고, 그로부터 3대 장군인 이에미쯔도, 8대 장군인 요시무네도 아니겠고, 그러니까, 그게, 9대 장군인 이에시게, 10대인 이에하루, 11대인 이에나리도 아니고, 그러니까, 12대 이에요시, 13대 이에사다, 14대 이에모찌도 아니고, 아 누구였더라……."

이렇게 말하고 당신은 사회자의 눈치를 살필 것이다.

"최종 정답은?"

사회자는 마지막 기회를 주고 있지만, 당신은 그래도 정답이 전혀 떠오르지 않는다.

"모르겠습니다."

"아, 안타깝습니다!"

사회자는 아무런 주저없이 당신을 탈락시킨다.

　그런데 이런 일련의 과정 속에 '디지털 정보'와 '아날로그 정보'의 본질이 숨어 있다.

　디지털 정보라는 것은 컴퓨터와 같은 이진법이기 때문에 "15대 장군 요시노부입니다."라고 거침없이 정답을 말하거나, 아니면 "잘 모르겠습니다."라고 대답하는 수밖에 없다. 이때 사회자는 당신에게 둘 중에 하나를 꼭 대답하게끔 만들었다. 어느 쪽이 되었든 둘 중에 한 가지 정보만을 원한 것이다.

　이렇게 본다면 디지털 정보라는 것은 질적으로나 양적으로나 허무한 것이 아닐까? 당신처럼 그토록 지식이 풍부한 출연자임에도 불구하고 결국 "모르겠습니다."라고 대답하면, 사람들은 그때부터 '이 사람 멍청하군. 이런 것도 모르고.'라고 판단해 버릴 게 분명하다. 이 어찌 허무하다 하지 않을 수 있겠는가!

　당신은 고민에 고민을 거듭하면서 역대 장군의 이름을 끊임없이 나열하였다. 결국 정답을 맞추지는 못했지만, 정답이나 다름없었다. 어쩌면 정답 이상의 정답이 거기에 담겨 있었던 건 아닐까? 이것이 바로 아날로그 정보이다.

　즉, 주파수가 딱 맞지 않으면 이렇게도 저렇게도 말하지 못하는 것이 디지털이라면, 아날로그는 콕 집어내지 않더라도 어느 정도 파장이 맞으면 화면이 뜨거나 음성이 들리게 되는 것이다.

인터넷은 디지털이기 때문에 사이트 주소가 철자 하나만 틀려도 절대로 접속되지 않는다. 그러나 우편배달원 아저씨는 주소나 우편번호가 조금 틀려도 큰 지장 없이 배달해 주신다. 이것이 아날로그의 위력이다.

우리가 상대와 커뮤니케이션을 할 때 여러 가지 다양한 질문을 할 것이다. 이때 디지털형 질문만 하면 상대는 거침없이 정답을 말하거나, '모르겠습니다'라는 대답밖에 나오지 않을 것이다. 이런 식의 대화는 정말로 따분하다. 따라서 상대에게 찬찬히 이야기를 하게 만들 때에는 아날로그형의 질문이 낫다. 아날로그형 질문의 키워드는 '무엇이', '어째서'와 같은 말이다.

(2) 선입견을 머릿속에 그려놓고 질문하면 대답은 없다

'무엇이', '어째서'라는 키워드에 한정짓지 않더라도, 질문이라는 것은 본래 이야기를 듣는 사람이 상대의 입장이 궁금하기 때문에 던지는 것이다. 그런데 궁금한 입장임에도 불구하고, 듣는 사람이 선입견을 갖고 "이런 대답 외에는 절대로 받아들이지 않겠어."라는 태도로 나오면 상대는 금방 입을 다물어버린다. 혹시 "그럴 리가 없잖소?"라며 반론을 제기하는 사람이 있을지도 모르지만 그것은 대단히 드문 경우다.

다음의 경우를 살펴보자.

질문을 하는 사람은 인터뷰의 달인이라고 불릴 만한 아나운서다. 그러나 그는 상대가 편안한 마음으로 이야기하게끔 유도하지 못하고, 자꾸 자신이 정한 선상에 올려놓으려고 했다. 결국은 게스트를 화나게 만들었다. 참고로 게스트는 일본의 프로골퍼로서 유명한 아오키 이사오 선수다.

아나운서 "저 선수는 아무래도 우타자니까 타구가 왼쪽으로 휘어져 날아가겠는데요. 대체 어떻게 쳐야 좋을까요?"

아오키 "네, 그렇다면 몸을 오른쪽으로 향해 스윙을 하면 어떨까요?"

아나운서 "아니죠, 몸은 그대로 놔두고 팔을 쓰는 방법을 달리해야 할 것 같은데요."

아오키 "아니죠, 몸의 방향만 바꾸면 되죠."

아나운서 "몸은 그대로 놔두고 팔의 스윙 방법을 바꿔야 하는데요……."

아오키 "공이 왼쪽으로 날아가는데, 억지로 똑바로 칠 필요는 없죠. 골프는 그런 게 아니니까요. 공이 왼쪽으로 가려면 그만큼 몸을 오른쪽으로 틀면 됩니다!"

아나운서 "……."

프로골퍼의 경기 운영은 매우 자연스럽다. 공이 왼쪽으로 갈 것 같으면 오른쪽으로 틀어서 친다. 그게 원칙이다. 그렇지만 텔레비전의 골프레슨 프로에서는 공이 왼쪽으로 갈 것 같으면 실수하지 않고 대응할 수 있는 테크닉을 소개하고 싶어한다. 아나운서는 이미 그런 대답을 머릿속에 그려놓고 끈질기게 게스트를 물고늘어지면서 질문을 한 것이다.

그러나 "이렇게 말해달라."고 상대를 구속하면서 그 말이 나올 때까지 계속 질문하는 것은 대단히 어리석은 태도이다. 무언가에 집착을 한다는 것은 그 이외의 선택의 폭을 좁히는 결과가 된다. 집착은 선택한 것 이외의 모든 것을 버리는 것을 의미하기 때문에 선입견을 가지고 상대를 대하면 보이던 것까지 보이지 않게 된다.

(3) 상대와 인간적인 거리감을 좁혀라

아오키 선수는 골프로 밥을 먹고살고, 마침내 '천하무적 아오키'라는 명성을 얻었다. 앞의 인터뷰의 경우, 그는 프로골퍼로서 쌓아올린 실적과 기술을 존중받으며 이 TV프로를 보는 사람들이 자기가 하는 이야기를 진지하게 들어주길 원할 것이다.

"자네 골프 잘하고 싶지? 그렇다면 쓸데없는 것을 익히지 말고, 내가 하라는 대로만 하면 돼. 그것만이 골프에 능숙해지는 가장 빠른 지름길이야."

그는 이렇게 말하고 싶었던 게 틀림없다.

아오키 골퍼와 아나운서의 사이에서 오고간 대화를 들어보면 상대에게 말을 시킬 때 어떤 점을 조심해야 하는가가 잘 드러난다.

① 상대를 높이 평가하고 존중한다.

② 상대의 발언에 진지하게 귀를 기울인다.

③ 상대를 부정하지 않는다.

④ 상대를 이해하려고 애쓴다.

⑤ 상대를 신뢰한다.

사람은 기본적으로 말하는 것을 좋아한다. 때문에 그냥 내버려둬도 어느 정도는 혼자서도 이야기를 잘 한다. 그러나 기분 좋게 이야기할지 어떨지는 그 다음에 바로 직면하게 되는 문제다.

사람과 사람 사이의 거리감을 좁히고 기분 좋게 이야기하게 만들려면 위의 다섯 가지의 포인트에 주의를 기울여야 한다. 특히, 상대를 높이 평가하고 존중하는 마음이 있으면 남의 말을 차단하거나 방해하는 일은 없을 것이다.

또한, 자꾸 같은 질문만 되풀이하면 상대는 진전되지 않는 이야기에 매우 스트레스를 느낀다. 물 흐르듯이 이야기를 듣는 것, 이야기의 흐름을 중요시 여기는 것, 이것도 중요한 포인트다. 이야기를 진행시킬 수 있는 태도를 갖추도록 하자. 그렇게 하면 원하는 정보도 술술 나오고 자연스럽게 상대를 설득할 수 있는 가닥이 잡힐 것이다.

매끄럽게 이야기를 진행시키는 기술을 터득하여 상대를 이야기 속으로 끌어들일 수만 있다면 당신이 원하는 대화는 얼마든지 가능하다.

3. 상대의 행동 양식을 분석하라

사람들은 서로 다른 성격, 욕구, 가치관, 동기 등을 갖고 있다. 이런 것을 나타내는 행동 양식은 다음 네 가지로 나눌 수 있다,

① 사교적인 사람
② 매사에 적극적인 사람
③ 주목받기 좋아하는 사람
④ 빈틈이 없이 정확한 사람

내가 만나야 할 고객이 어떤 성향을 가졌는지, 설득해야 할 상대의 면면을 알고 있다면 설득을 위한 준비는 이미 마친 셈이다. 이와 같이 사람들의 행동양식이 서로 다른 점을 인정하고 이에 따라 상대를 이해하면 보다 효율적인 대화를 시작할 수 있다.

그러면 이제부터 상대의 행동양식에 따른 대화법을 살펴보자.

(1) 사교적인 사람과의 대화법

사교성이 뛰어난 사람의 특징은 매사에 헌신적이고 일관되며, 충

성스럽다는 것이다. 그들은 매우 열심히 일하고 남들이 포기한 것도 끈질기게 노력하여 좋은 결과를 얻고자 한다. 또한, 타인과 협력을 잘하고 쉽게 도와주며, 친해지기 쉽고 신용이 있으며, 섬세하고 남의 말을 경청한다.

그리고 주변 사람들과 협조를 잘 하며 남들과의 충돌을 되도록 피하려고 노력한다. 또, 동료가 주위에 있는 것을 좋아하며, 안정적인 환경에서 최고의 성과를 낼 수 있다. 그래서 사교성이 뛰어난 사람은 상대방에게도 안정감을 주는 장점이 있다.

하지만 사교적이고 붙임성 있는 성격을 가졌다고 해서 꼭 좋은 점만 있는 것은 아니다.

이런 사람들은 어떤 일에 대해 쉽게 결정을 내리지 못하고 위험을 무릅쓰지 않으려고 하는, 다시 말하면 모험심이 부족한 단점이 있다. 또한, 상대에게 필요 이상의 신경을 쓰며, 의외로 순응적이고 수동적인 면이 강하다. 그리고 자신의 권리를 위한 일인데도 잘 나서지 않는 경우가 많고 과잉 친절을 베풀며, 결정을 내리는 과정이 지독하게 느린 면도 있다.

사교적인 성격을 가진 사람들은 대부분 안정된 환경과 협력을 좋아하는 반면에 변화와 혼돈을 싫어한다. 그러므로 이런 사람들과 대화할 때는 다음 사항을 기억해야 한다.

① 안정적인 면을 중요하게 생각하는 만큼 대화를 시작할 때 부드러운 분위기를 만들어주어야 한다.

② 대화가 자연스럽게 이루어지면 전달하고 싶은 메시지를 분명하

게 이야기한다.

③ 무조건 내 의견만을 앞세우기보다는 상대방의 의견에 귀를 기울이는 것이 필요하다.

④ '우리'라는 말을 자주 써주고, 강요하거나 서두르기보다는 서로를 이해할 수 있는 공감대를 형성할 수 있어야 한다.

(2) 매사에 적극적인 사람과의 대화법

이야기를 나누어야 하는 상대가 어떤 성격의 사람인지 파악할 수 있다면 상대방의 행동에 따라 적절한 방법으로 대응하는 능력도 생긴다.

매사에 적극적인 사람은 일에 대한 성취도가 높다. 이런 사람은 '행동파'이며 남에게 명령하기를 좋아하고 모험심이 강해 위험한 상황이 생기는 것을 두려워하지 않는다. 그들은 대체로 성격이 외향적이고 결단력이 있어 일을 할 때에도 단도직입적인 태도로 일사 불란하게 처리한다. 일의 방법에 대한 자신의 의견을 당당히 말하며, 설득력까지 갖추고 있다. 또한, 인간 관계보다 성과를 중시하며 당장 결과가 나오길 바라는 면이 강하다. 그들은 겉치레와 공치사는 거의 할 줄 모른다.

적극적인 성격의 사람은 업무가 '어떻게 처리되는가' 하는 것보다는 '어떤 결과가 나왔는가'에 치중하는 경향이 있다. 그들은 '무엇'

이라는 말을 입에 달고 다니는 것을 볼 수 있다. "무슨 일이에요?" 또는 "뭘 하고 있어요?", "무엇을 해야지!" 이런 식이다.

대부분 적극적인 사람들의 단점은 성격이 고집불통이고 거만하며, 조급하고 무신경하다는 것이다. 또한, 명령조로 자기 주장만 내뱉고 이에 대해서는 강경하다. 더 나아가 오만하고 차가우며 거칠어지기 까지 할 때가 있다.

이들의 주된 관심사는 권력을 얻는 것과 다른 사람을 자기 맘대로 조종하는 것에 있다. 다른 사람에게 존경받는 것을 매우 중요하게 생각하기 때문에, 존경을 받지 못하거나 일에 결과가 없고 남이 자신을 이용하고 있다는 느낌이 들면 매우 힘들어한다. 그러므로 이러한 사람들과 대화할 때는 다음 사항을 기억해야 한다.

① 우선 상대의 대화를 듣고 그의 마음을 존중해 주어야 한다.

② 일에 집중하고 예상되는 결과에 대해 말해주어야 한다. 상대에게 선택권을 제시하는 것이 좋은 결과를 얻는 방법이 될 수도 있다.

③ 업무에 대한 설명은 가능한 간결하게 요약해서 전달하는 것이 효과적이다.

④ 세부적인 사항을 따지지 말고 상대방이 주로 던지는 이야기와 관련된 질문을 논의하고 대답을 이끌어나간다.

(3) 주목받기 좋아하는 사람과의 대화법

　주목받기를 좋아하는 사람은 언제나 자신이 화제의 중심에 있다. 이들은 대부분 자신의 생각을 표현하는 데 주저함이 없기 때문에 사람들 사이에서는 달변가로 통한다.

　이런 사람은 상대를 설득하는 능력 또한 탁월하며 일을 할 때에는 자신의 임무보다 인간 관계를 중요하게 생각하는 면이 강하다. 또한 태도가 싹싹하며, 협조적이고 사회 생활에 적응을 잘 한다. 이들은 그룹이나 팀에 소속되어 있는 것을 좋아하며, 자신이 속한 그룹이나 팀이 추진하는 일이라면 무엇이나 적극적으로 참여하는 경향이 있다.

　특히, 새롭고 신나는 경험을 하는 것을 즐기며 늘 의욕적으로 생활하고, 사교적인 태도로 남에게 영감을 준다.

　반면에 이런 사람의 약점은 성미가 급하고, 자신의 생각이 한번 옳다고 믿으면 아무리 좋은 조건이라도 상대의 이야기에 귀를 기울이지 않으려는 경향이 있다. 그들이 어떤 상황에서 조금은 이기적이고 비이성적인 행동을 보이는 것도 이 때문이다.

　주목받기를 좋아하는 사람은 쉽게 자신의 정보와 인생 경험담을 다른 사람들과 교환한다. 이런 사람의 주된 관심사는 상대방에게 칭찬 받고 소속감을 갖는 것이다. 그리고 사람들이 자신을 인정해 주는 것에 대해서 즐거움을 얻는다.

　반면에 고독에 처하거나 상대의 무관심한 태도에는 쉽게 상처를 입는다. 그러므로 주목받기를 좋아하는 사람과 대화할 때는 다음 사항을 기억해야 한다.

① 무엇보다 상대방과 인간적으로 친밀한 관계를 형성하는 것에 중점을 두어야 한다.

② 제안을 할 때는 의욕적이고 개방적인 마음가짐으로 앞장서는 모습과 의지를 보여주는 것이 좋다.

③ 어떤 경우에도 상대에게 따뜻하고 친근하게 다가서야 한다.

(4) 빈틈이 없이 정확한 사람과의 대화법

매사에 빈틈이 없고 정확한 데이터를 원하며 분석하기를 좋아하는 사람이 있다. 이들은 친절하지만 조심성이 지나치게 많은 경향이 있다. 또한, 대단히 논리적이어서 사실에 근거하여 말하고, 인간관계보다는 업무를 중요하게 여기며 행동한다. 이들은 정확성과 완벽성을 추구한다.

이런 사람의 장점은 인내심이 많고 성실하며, 신중하게 행동한다는 것이다. 무엇이든 체계적인 접근방식을 선호하기 때문에 하나의 프로젝트를 결정하면 성공할 확률이 높다.

반면에 이런 사람의 단점은 대체로 내성적인 성격이 많아 늘 조용하며 사소한 일에도 쉽게 상처를 받는 경향이 있고 시무룩해 보일 때가 많다는 것이다.

만약 이런 사람이 어떤 일에 우유부단한 면을 보인다면, 그것은 아마 결정에 필요한 모든 정보를 모으고 있기 때문일 것이다. 또한, 모든 일을 너무나 완벽하게 처리하려고 하는 경향이 있기 때문에 상대방을 답답하게 하는 경우도 있다. 물론 이때도 위험을 감수하는 행동은 절대로 하지 않는다.

이런 사람들의 또 하나의 특징은 매사에 올바른 것을 추구하며, 분명한 결단이 서기 전까지는 상대방과 개방적으로 토론하려 하지 않는다는 것이다. 왜냐하면 모든 일을 시작할 때 정확한 결과를 얻으려고 하는 반면에, 그런 상황에서도 자신의 의견이나 결론이 틀리거나 비판받는 것은 극도로 싫어하기 때문이다.

빈틈이 없고 분석적인 사람들과 대화할 때는 다음 사항을 기억해야 한다.

① 우선 인간적인 관계를 내세운 접근보다는 업무 중심으로 대화를 시작하는 것이 좋다.

② 내가 전달하고 싶은 내용에 대해 세부적인 사항까지 체계적이고, 철저하게 설명해 주어야 한다.

③ 상대방이 확신을 얻을 수 있을 때까지 반복하여 설명하는 것도 좋은 방법이 될 수 있다.

대화를 할 때에는 상대방의 스타일을 파악하고 거기에 재빨리 적응하는 유연성이 필요하다. 똑같은 문제라도 상대방이 '어떤 사람이냐'에 따라 접근 방법이 다를 수 있기 때문이다.

또한, 대화를 잘 이끌어가려면 무엇보다 목적이 분명해야 한다. 상대에게 자신의 의사를 분명하게 전달하기 위해서는 먼저 본인 스스로 무엇을 말할 것인지 확실히 알아야 한다. 즉, 내가 말하고 싶은 내용이 뭔지 스스로 정확히 알고 있는 것이다.

자신이 상대방에게 한 말이 원래 하고 싶었던 말인지 분명히 해야 한다. 또 상대방이 받아들인 메시지가 정확하게 자신이 의도한 메시지인지 확인해야 한다. 자신의 의사를 어떻게 전달할지 행동에 옮기는 것은 그 다음 단계의 문제다.

4. 상대에게 마음을 잘 전달하는 요령

(1) '감사의 말'과 '추어올리는 말'을 적절히 사용하라

어떻게 하면 내 마음을 제대로 전달할 수 있을까?

예를 들어, "고마워요."라는 말 하나도 그냥 밋밋하게 "고·마·워·요."라고 말하면 감사하는 마음이 상대에게 제대로 전달되지 않는다. 효과적인 방법은 "고마·워요."에서 '고마'를 강하게 발음하는 것이다.

말은 아무리 사용해도 돈이 드는 게 아니다. 아까워하지 말고 평소에 말로써 상대에게 서비스하도록 하자.

"정말로 고마워요."

"아이구, 정말이지 고맙습니다. 큰 은혜를 입었어요."

"내 평생 이 은혜는 잊지 않겠습니다."

이런 감사의 말로써 마음을 전달해 보자. 자네 참 비위가 좋은 사람이야."라는 말을 들을지도 모르지만, 그래도 상대의 얼굴은 싱글벙글 웃고 있을 것이다. 그도 그럴 것이 사람에게 '감사'와 '추어올리는' 말만큼 듣기 좋은 말도 없기 때문이다.

내가 아는 한 경영자는 "나는 추어올려 주는 말이 너무 좋아요. 일단 들으면 기분이 좋잖아요. 그게 사실과는 다르더라도 기쁜걸. 그렇다고 해서 내가 하늘 높은 줄 모르고 자만하거나 방만하지는 않으니까요."라고 말한다.

그 말을 듣고 내가 "과연 사장님다우십니다. 그런 겸허한 마음을 갖고 계시니까 회사도 발전하는 것이죠."라고 추어올리면 "아뇨, 그렇지도 않아요."라며 얼굴이 기쁨의 미소로 가득 찬다.

단순하게 추어올리는 말을 듣고 사람들은 이 말에 넘어가도 괜찮은가 하고 조금은 염려가 되겠지만, 악담을 듣고서 기분이 나빠져 화를 내는 것보다는 훨씬 밝아서 좋다.

사람들의 목소리는 감정의 문이다. 목소리를 들으면 '허허, 그 사람 활기차군.' 또는 '거 이상하군. 오늘따라 이 사람 활기가 없어. 무슨 일이 있었나.' 하고 금새 알아차린다. 경영자나 상사가 부하 직원에게 인사를 하는 것도 그 대답을 듣고 '음, 이 사람은 일이 척척 풀리고 있군.' 아니면 '어, 뭐 고민거리라도 있는 건가.' 하며 느낌으로 금방 상대를 파악할 수 있기 때문이다.

(2) 목소리를 '적절히' 사용하자

목소리는 다음의 세 가지로 크게 분류할 수 있다.

① 목소리에는 강약이 있다

강약이란 큰 목소리냐 작은 목소리냐 하는 차이다.

"감사합니다."라고 큰 소리로 말하면 '저 사람은 참 예의가 바르다'는 평가를 받고, 목소리를 갑자기 낮춰서 "있죠, 우리끼리니까 하는 얘기인데요, 이 서비스는 손님한테만 특별히 해드리는 거니까 말씀하시면 안 됩니다."라고 말하면 이것은 밀담처럼 들린다.

'파이팅'이라는 한 마디도 우리애가 운동회에서 달릴 때에는 "파이티잉~!"이라고 외칠 것이고, 텔레비전에서 중계하는 프로야구를 보면서는 "파이팅. 홈런 한방 날려라."라고 외쳐도 그리 큰 목소리는 아닐 것이다.

그렇다고 힘찬 목소리는 효과적이고, 작은 목소리는 안 된다고 하는 틀에 딱 박힌 것은 아니다. 역시 상황에 맞게 적절히 구분하여 사용하기 나름인 것이다.

예를 들어, 케빈 코스트너가 주연하고 아카데미상을 수상한 '필드 오브 드림(꿈의 야구장)'이라는 영화 속에서 가장 효과적이었던 말은 "If you make it, he will come."이라는 속삭임이었다.

누가 속삭이는 것인지, 주인공은 전혀 짐작이 가지 않는다. 그렇지만 이 속삭임에 이끌려 아이오와의 토우모로코시를 야구장으로 바꿔버린다. 영화의 여기저기에서 이 속삭임이 효과적으로 사용되었다.

그러나 만약 이것을 조금이라도 큰 목소리로 말했다면 효과적이지
못했을 것이다. 이 속삭임은 자기 자신의 마음속의 울림이었기 때문
이다.

힘찬 목소리나 큰 목소리는 누구에게나 잘 들린다. 그러나 속삭임
은 "지금 뭐라고 했지?"라며 귀를 쫑긋 세우지 않으면 안 들린다. 그
러다 보니 자연히 몸을 앞으로 기울여 어떻게든 알아들으려고 하는
자세를 취하게 된다.

프로 연사는 이런 인간의 심리를 잘 알고 있기 때문에 중요한 이야
기를 할 때면 목소리를 크게 해서 강조하는 게 아니라, 목소리를 한
단계 낮춰서 속삭이듯이 말한다. 그러면 일순 찬물을 끼얹은 것처럼
조용해지고, 청중들도 몸을 앞으로 숙이면서 자세히 들으려 한다.

② 목소리에는 고저가 있다

전화벨이 울리고 수화기를 들었을 때 처음 들리는 상대의 목소리
는 어떠한가? 사람들의 목소리 톤은 대부분 평소보다 낮다. "네, 말
씀하세요."라는 응답의 목소리도 낮을 것이다.

그러나 이것이 친구한테 걸려온 전화라는 걸 알게 되면 어떨까?
단숨에 옥타브가 올라갈 것이다.

"뭐야, 너였어? 어제는 좀 과음했지. 너나 나나 건강에 신경을 써서
작작 하자구."

이처럼 말하는 목소리가 갑자기 높아진다. 어째서 이렇게 변하는
걸까?

나지막한 목소리는 약간 소극적이고 격식을 차린 목소리다. 이른

바 격식을 차리는 어조이고, 형식적인 목소리이며, 자신의 특성을 상대에게 들키고 싶지 않은 목소리인 것이다. 반대로, 목소리를 높이면 인간적인 거리감도 금새 가까운 느낌으로 바뀌기 때문에 친구에게는 자연스럽게 톤이 높아진다.

유능한 영업사원은 이 법칙을 체험적으로 터득했기 때문에, 전화로 고객과 상담을 할 때에는 항상 목소리를 크게 한다. 손님과 마주 앉았을 때에도 조건 반사적으로 영업용 목소리의 크기로 바뀐다. 물론 평소의 목소리보다 옥타브는 당연히 높다.

③ 목소리에는 억양이 있다

나는 방언이 대단히 값진 재산이라는 걸 절실히 느낀다. 방언의 특징은 같은 의미라도 말이 다르다는 것과 인토네이션이 다르다는 것이다. 인토네이션은 문장 속에 나타나는 억양이고, 악센트는 단어에 힘이 들어가는 포인트를 말한다.

예를 들어, '고마워'라는 말을 간사이(일본 관서지방) 말로는 "오오키니."라고 하지만, 오사카와 교토에서는 말씨가 다르다. 오사카 말씨로는 첫 음절 '오'에 악센트가 있는데 반해, 교토 말씨에서는 '키니'에 악센트가 온다.

방언의 좋은 점은 고객의 불만신고를 처리할 때다. 나는 이런 날에는 갑자기 관서지방 사람이 되기도 하고, 교토 토박이의 말씨로 고객을 만나기도 한다.

"미안혀요. 좀 봐주셔요."라고까지는 말하지 않더라도, 사투리 어투를 써가며 "정말로 죄송해요."라고 부드럽게 말하면 분위기가 한결

누그러지면서 살얼음 같았던 싸늘한 공기가 녹아 내린다. 이는 너무나 뜻밖의 결과지만, 어쩌면 당연한 결과일지도 모른다. 말에는 파동이라는 것이 있기 때문에 먼저 부드럽고 친근한 뉘앙스로 나가면 상대의 말도 부드러워지는 것이다.

반면에 이쪽에서 사무적으로 딱딱하게 나가면, '그런 성의 없는 태도는 도저히 용서할 수 없어.'라며 상대도 매우 딱딱하게 나온다. 이런 식으로는 상대를 설득할 수도 없고, 이쪽의 설명을 납득해 주지도 않을 것이다.

5. 주의! 모처럼 가진 대화를 살리자

(1) 따귀를 맞아도 싼 질문

커뮤니케이션에서 중요한 것은 '상대를 잘 파악할 줄 아는 사람'이 되는 것이다.

언어의 프로라고 불리는 아나운서는 기계적으로 원고를 잘 읽기만 하면 들통날 게 없지만, 인터뷰를 하는 입장이 되면 상대를 잘 파악하고 있는지 아닌지로 천국과 지옥만큼의 엇갈린 평가를 받게 된다.

내가 그것을 통감한 것은 어느 날 프로레슬링 중계에서 이 한 마디의 코멘트를 듣고 나서였다. 이 코멘트는 시합 중에 나온 말이 아니라 시합직전 인터뷰에서 나온 말이었다.

일본 프로레슬러들의 대표이자 최고 스타였던 안토니오 이노키 선수의 시합이 있기 직전의 일이었다. 그 날은 늘 나오던 베테랑 아나운서가 아니라, 무슨 이유에서인지 신인 아나운서가 인터뷰를 담당했다.

이노키 선수는 시합이 벌어지기 직전이라서 흥분하고 있었다. 그리고 그 날은 유독 심하게 흥분하고 있었다. 무리도 아니다. 정신을 집중하기 위해서는 아무래도 누구의 방해도 받고 싶지 않기 마련이다. 그러나 그의 스폰서이기도 했던 TV 방송국이라서 어쩔 수 없이 인터뷰에 응했다.

더군다나 그 날 싸워야 할 상대는 직접 붙어봐야 이길지 질지를 알 수 있을 정도로 예측을 불허하는 막상막하의 선수였다. 그러니 '흥분하지 말라.'고 하는 것이 오히려 무리인 셈이었다. 그런데 이러한 상황에서 그 신인 아나운서가 뭐라고 했는지 아는가?

"오늘 맞붙을 선수는 지금까지 상대해 본 적이 없을 정도로 센 사람인데, 시합에 지면 어떻게 하시겠습니까?"

나는 이 인터뷰를 듣고서, '묻기 껄끄러운 말을 단도직입적으로 잘도 묻는군. 그 아나운서 배짱 한번 두둑하군.' 하고 생각했다. 이 풋내기 아나운서는 장래에 큰 인물이 될지도 모른다. 그러나 그 당시 이노키 선수가 한 말은 더욱 걸작이었다.

"질거라 생각하고 시합을 하는 사람이 어디 있는가!"

아나운서의 대담한 질문에 열이 받친 이노키 선수는 결국 말로 한 방 먹인 것이다. 신인 아나운서는 어림잡아 일주일 가량은 부어 올라 있지 않았을까.

그러나 그는 맞아도 싸다. 아무리 사람들의 예상이 '압도적으로 이노키에게 불리하다.'고 해도 그 상황에서 본인을 앞에 두고 그런 질문을 하다니 실례가 이만저만이 아니다. 누구라도 이런 질문에는 제대로 대답하고 싶은 생각이 추호도 없을 것이다.

만약 똑같은 질문을 프로레슬링 실황중계를 오랫동안 해 왔고 이노키 선수와도 절친한 베테랑 아나운서가 했다면 어떻게 되었을까? 정답은 '물어볼 리가 없다.'이다. 너무 친하기 때문에 물을 수가 없는 것이다. 이렇게 실례가 되는 질문은 풋내기 아나운서나 하는 행동이다. 그런 의미에서 볼 때 이 질문은 방송국이 잘 써먹는 '시키기 질문'이었을지도 모른다.

아무튼 당시의 인터뷰는 상대가 편안하게 이야기할 수 있도록 만드는 커뮤니케이션 기술과는 아주 동떨어진 것이었다. 그렇다면 그 인터뷰는 대 실패였을까? 꼭 그렇지는 않다.

당시 이노키 선수가 화를 내는 모습은 소름이 끼칠 정도로 무서웠다. 이 시합을 지켜본 시청자가 100명이라면 100명 다 '이번 시합에서 이노키도 상당히 긴장하고 있군. 역시 만만치 않은 선수를 상대하게 된 거야.'라고 느꼈을 것이다.

"이거, 굉장히 박진감 넘치는 시합이 기대되는군."

나도 기대감으로 가슴이 두근두근하는 것을 느낄 수 있었다. 그런 의미에서 볼 때 한방 먹은 신인 아나운서한테는 정말 미안한 말이지만, '놓치기 아까운' 장면으로서는 최고였다.

(2) 자신도 모르게 저지르는 '무례한 커뮤니케이션'

상대에게 실례가 되는 커뮤니케이션은 우리들 사이에서도 일상적으로 행해지고 있다.

예를 들면, 아침인사가 그렇다. 인사라는 것은 '내 마음을 열고 있다.'라는 의미다. 그런데 그 인사를 마음이 전혀 열려 있지 않은 상태에서 하는 경우도 흔하다.

직장에서 자주 목격하는 풍경에 이런 것이 있다.

"안녕하세요."라고 인사하면서 부하가 사무실로 들어온다. 그러나 그 부하를 맞이하는 상사는 신문에다 시선을 떨군 채 "어, 왔나."라고 대답한다. 얼굴도 한번 제대로 쳐다보지 않고, 목소리만으로 대응하고 있는 것이다.

이러한 태도는 매스컴 관계자에게서 많이 찾아볼 수 있다. 다행히 나와 관련이 있던 회사에서는 찾아볼 수 없었지만, 신문사 같은 곳에서 사람을 기다리고 있다보면 정말로 많이 보게 된다. 서로 너무나 친한 사이가 되었으니 흉을 보거나 기분을 상하게 만들지는 않을 거라 생각하지만 그래도 반갑지 않은 풍경이다.

텔레비전 뉴스시간에 기자회견 장면을 보면 간혹 건방진 태도로 질문하는 기자가 있다. 정치가보다 액션이 크기 때문에 대체 어느 쪽이 정치가이고, 어느 쪽이 기자인지 모를 정도다. 이런 사람이 위세를 부리며 고삐 풀린 망아지처럼 날뛰는 것이다.

그런 태도로 비즈니스 세계에 뛰어들었다가는 "이런 무례한 사람을 상사라고 떠받들 수는 없어." 또는 "저 사람은 날 무시하는 거야."라며 반감을 살 뿐이다.

내가 자주 목격하는 것은 분명히 부하가 업무보고를 하고 있는데도 상사가 건성으로 듣는 장면이다.

부하　"과장님, 요전 날에 있었던 A사의 건인데요……."

상사　"아아, 그거. 그래 말해 봐."

부하　"별로 좋은 소식이 아닌데요."

상사 "아, 그래. 음……음."

부하 "앞으로 어떻게 하면 좋을지 생각해 봤는데요……."

상사 "으음, 그래서 그 건은 어떻게 됐나?"

부하 "듣고 계시지 않았군요?"

이런 무성의한 답변을 들으면, 부하는 그 다음 말을 제대로 잇지 못하게 된다. 이런 경우 그 상사에게 신뢰감을 갖는다는 것은 도저히 무리다.

(3) 먼저 이유를 들어주면 OK

부하직원이 상담을 하러 왔다면, 이때 상사는 아무리 바쁘더라도 일단 일에서 손을 떼고 들어야 한다. 보고서를 작성하고 있는 와중이라도 펜을 놓자. 통화중이라면 가까운 의자에 앉아 기다리라고 손짓을 보내자. 그리고 이야기를 들을 때는 정신을 집중하자.

이야기를 들을 때의 태도에도 주의가 필요하다. 다른 상황에 이끌려 시선을 슬쩍 돌리기만 해도 당사자는 '진지하게 내 얘기를 들어주지 않고 있군.' 하고 기분이 상하게 된다. 여하튼 듣는 태도가 중요하다. 이것이 상사의 역할이니까.

구체적인 예를 들어보자.

내가 영업의 최전선에서 뛰고 있을 때, 어느 날 회의시간에 한 시간 정도 지각한 적이 있었다.

신규고객을 가입시키기 위해 영업을 나갔다가 운 좋게 계약까지 이루어졌다. 상대가 흡족해하며 "좋았어, 내가 아는 사람한테도 자네를 소개시켜 주지."라고 말하는 것이었다. 그리고는 바로 전화를 들더니 "지금 같이 갈 테니까 기다리게."라며 못을 박는 것이다. 일은 일사천리로 진행되어 중간에 거절할 수가 없었다.

"죄송합니다, 사장님. 회의가 있어서 회사에 들어가 봐야 하는데요. 내일 다시 들르면 안 되겠습니까?"라고는 차마 입이 떨어지지 않았다. 만약 그런 말을 꺼냈다면 "자네는 사람의 호의를 그렇게 무시하나?"라며 이미 끝낸 계약마저 파기했을지도 모른다.

그래서 나는 영업회의를 제쳐두기로 했다.

다행히 소개한 사람의 열의도 있고 해서 그런지 여기서도 운 좋게 계약으로 이어졌다. 그러나 "지금부터 한잔하러 가지!"라고 하는 제안만큼은 뿌리치고 서둘러 회사로 돌아왔다. 그때는 이미 한 시간이 경과한 뒤였다.

대부분의 회사에서는 외부와의 약속이 최우선이지만, 그 회사는 사내의 약속이 우선시되었다. 물론 '회의시간 엄수'에도 철저했기 때문에 예상한 대로 나중에 따끔한 주의를 들어야 했다.

그러나 예정이라는 것은 시시각각 변하기 마련이다. 만약 그때 "죄송합니다. 실은……." 하면서 거절했다면 거래처와의 사이는 더 벌어졌을 것이다.

상사는 꾸짖는 것이 일이다. 부하는 야단맞는 것이 일이다. 그렇지 않으면 오히려 업무가 잘 맞물리지 않고 삐거덕거릴지도 모른다. 그러나 그때 나는 규칙은 존중했지만, 내부의 규칙에 얽매여 계약을 취소 당하거나 새로운 고객을 놓치는, 주객이 전도되는 꼴은 당하고 싶지 않았다. 나는 상사가 한마디라도 좋으니까 그 이유를 들어주길 바랐다.

"그랬군, 그랬어. 그렇지만 앞으로는 회의시간 안에 참석할 수 있도록 노력하게. 자네가 빠지면 회의가 좀 허전하다네."

이렇게 자상한 한마디를 해 준다면 "좋아, 내일도 열심히 뛰어야지."라며 각오를 더욱 다졌을 것이다.

♠성공대화 키워드 KEYWORD

커뮤니케이션의 기본은 우선 상대의 이야기를 끝까지 듣는 것이다. 부하가 업무보고를 할 때 우선은 다른 일에는 손을 놓고 들어야 한다. 이것이 커뮤니케이션의 첫걸음이다.

이스라엘의 솔로몬 왕도 "현명한 자는 듣고, 어리석은 자는 말한다."라고 했다. 부하를 잘 다룰 줄 아는 상사일수록 '이야기를 잘 들어준다.'거나 '상대가 편안하게 말할 수 있도록 유도를 잘한다.'라고 평가받는 사람이다.

(4) 초조해하거나 기죽지 말자

커뮤니케이션은 캐치볼과도 같아서 내가 던진 볼을 상대가 받아주지 않으면 놀이는 거기서 중지된다.

상대가 '무시하는 태도'를 보이면 마음 상하는 것은 비단 초중고생만 그런 것은 아니다. 직장에서도 누군가를 무시하는 왕따는 적지 않다. 인간이 무리를 짓고 사는 곳에서는 이런 왕따가 많든 적든 있기 마련이다.

영업사원은 고객으로부터 무시당하는 경우가 허다하다. 예고 없이 찾아간 방문은 십중팔구 현관문 앞에서 거절당한다. 요즘은 현관에 모니터가 달려 있어서 "아, 물건 안 사요. 지금 바빠요."라며 아무 말을 안 했는데도 거절당하기 일쑤다.

가령, 간신히 집에 발을 들여놓았다고 치자. 열심히 설명하면서 열을 올려본다. 그러나 그런 열의와는 상관없이 고객은 자꾸만 시계를 힐끔힐끔 쳐다본다. 이런 반응이 나타내는 의미는 '이젠 당신 얘기를 듣고 싶지 않다' 는 뜻이다.

고객의 이런 태도를 보면, 아무리 일이기는 해도 영업사원도 사람인지라 더 이상은 말하고 싶지 않게 된다.

'내 말이 지루한 거군. 얘기를 전혀 들으려 하지 않으니 더 얘기해봤자 허사지. 다시 와야 하는 건가.'

영업사원은 이미 '포기'로 접어든다. 그러나 이런 때일수록 초조하게 굴면 일이 풀리지 않는다. 일단 자신감을 잃어버리면 만회하기 힘들기 때문이다.

영업사원 "고객님, 바쁘시겠지만 일부러 찾아왔으니 조금만 더 제 얘기를 끝까지 잘 들어 주십시오."

고객 "무슨 소리를 하는 거요? 이 바쁜 시간에 잠깐 시간을 내준 것만도 감지덕지해야지. 얘기를 잘 들어 달라뇨? 사정사정해도 시원치 않을 판에."

영업사원 "아무리 고객이시지만 그런 식의 말투는 삼가해야 할 것 같네요."

고객 "뭐라구요? 이젠 됐으니 그만 돌아가 줘요."

이후부터는 대부분 언쟁으로 번진다. 영업사원이 이미 자신감을 잃어버렸기 때문이다.

그런데 이처럼 자신감을 잃어버린 원인은 다른 데 있는 것이 아니라 고객의 태도에 스스로 초조함을 느꼈기 때문이다. 영업사원은 상품을 팔지 못해 싸움을 걸고 고객은 누릴 수 있는 서비스를 받지 못하고 빈축만 산다면, 이것이야말로 본말이 전도되는 꼴이다.

6. 돌이킬 수 없는 대화의 세 가지 유형

(1) '입을 다무는 것'은 마음을 닫는 것

우리는 부지불식간에 상대의 사기를 꺾는 경우가 있다. 그런데 이상한 것은 이런 사실을 좀처럼 깨닫지 못한다는 사실이다.

며칠 전 친구와 택시를 탔다가 기사양반의 기분을 상하게 했던 일이 생각난다. 최근에 일본에서는 극심한 불경기로 퇴직 당한 회사원들이 택시회사에 많이 들어갔다고 한다. 덕분에 처음 운전대를 잡은 기사들은 손님이 길을 몰라서 택시를 타도 "손님 죄송합니다만, 가는 방법 좀 가르쳐 주시겠습니까?"라고 오히려 되물어오는 경우가 적지 않았다. 그 날도 햇병아리 운전기사일 거라고 생각한 친구가 쓸데없는 짓을 저지르고 만 것이다.

"요코하마 세키우치까지 가 주세요."

거기까지는 참 좋았다. 그런데 그 후로도 친구는 교관이라도 된 듯이 노선을 알려주었다.

"앗, 거기서 왼쪽으로 꺾어요."

"다음은 백 미터쯤 간 다음에 우회전이요. 그리고 다음은……."

"쭉 내려가면 우선 우회전. 두 번째의 신호를……."

그때까지 입을 꾹 다물고 있던 운전기사가 마침내 한계에 다다른 모양이었다.

"손님, 내가 택시를 몬 지도 어언 30년이나 되었습니다. 세키우치 정도는 부처님 손바닥 보듯 하죠. 번지만 가르쳐 주시면 딱 문 앞에다 모셔다 드리죠."

이 운전기사는 정말로 프로였다. 그러니 친구에게 지도를 받을 때마다 점점 기분이 언짢아지는 것은 당연했을 것이다. 친구는 친절을 베풀려고 가는 길을 가르쳐 주었던 것인데, 완전히 역효과였다.

♠성공대화 키워드 KEYWORD

자존심이 강한 사람을 다룰 때에는 어떻게 해야 할까? 방법은 단하나, 그 사람의 기량에 전폭적인 신뢰를 보낸다는 것을 확실히 알려주면 된다.

앞의 운전기사를 예로 든다면, "기사님, 급하니까 빨리 좀 부탁드려요."와 같이 일부러 조건을 달면 기사는 갑자기 의욕이 생긴다. 왜냐하면 프로의식이 강한 사람은 조금이라도 제약이 따르면 그만큼 "내 솜씨를 보일 기회군." 하고 느끼기 때문이다.

프로는 어느 만큼 자신의 창의성을 발휘할 수 있는지 늘 생각한다. 그런 프로의식을 완전히 무시하고 풋내기 다루듯이 한다면, 상대는 기분이 상해 말 한마디도 하지 않게 된다. '입을 다무는 것' 은 사실 '마음을 닫는 것' 을 의미한다. 이렇게 되면 인간적인 거리감은 달과 지구보다도 더 멀게 느껴질 것이다.

(2) 상대의 입에 자물쇠를 채우는 말

이제부터 돌이킬 수 없는 대화의 유형에 대해 살펴보자. 여기서는 세 가지로 나누어보았다.

먼저 다음의 상황은 최근에 아는 사람한테 들은 이야기다. 아마 이런 경우에는 저절로 입을 다물고 싶어질 것이다. 양쪽이 모두 점잖은 사람이었으니 망정이지, 성질이 급한 사람이었거나 예의범절 운운하는 사람이었다면 격하게 화풀이를 했을지도 모른다. 적어도 '무례하기 짝이 없는 녀석이군.' 하고 생각했을 게 분명하다.

대체 어떤 대응을 했으며, 어디가 어떻게 잘못되었는지 알아보자.

① 첫 번째 유형

맞장구를 치다가 상대보다 더 득의양양 떠들어대는 사람

친구 "아이구, 정말 미치겠네. 나는 분명히 '차에서 기다릴게'라고 했는데, 상대방은 '집에서 기다릴게'로 잘못 알아들은 거야. 그러니 계속 기다려도 오질 않지. 이런 황당한 일이 있나?"

상대 "글쎄 말야, 그럴 때가 있더라구. 사실은 나도 똑같은 일이 있었어. '5일에 가자'고 약속했는데, 상대는 '5일 후에 가자'라고 알아들은 바람에 완전히 바람맞고 말았다니까."

친구 "(씁쓸한 표정을 지으며) 자네 경우가 더 재미있군."

상대에게 이야기를 하게 만드는 것이 주된 목적이라면 "이런 황당한 일이 있나?"라는 질문에 "아니, 없지."라고 순순히 대답하면 된다. 그런데 상대방의 이야기가 약간 어설플 때는 "아냐, 내 경우가 더 재미있을걸." 하며 소개하고 싶어질 것이다. 그러나 이것은 듣는 사람의 입장에서 본다면 완전한 역효과다.

생각해 보라. "맞아, 그런 일도 있지."라며 계속 맞장구를 쳐주다가 더 재미있는 에피소드를 득의양양 떠들어댄다면 처음 이야기를 꺼낸 사람의 기분이 어떻겠는가? 이것은 곧 "그런 일은 흔해. 누구나 다 경험이 있을걸." 하고 상대를 무안하게 만드는 것과 똑같다.

이렇게 말을 조금만 달리해도 대단히 실례가 된다는 것을 금방 알 수 있다. 꽤 둔감한 사람이라도 "어, 이거 이상한데. 아까 내가 한 얘기는 별로 재미가 없었나?"라고 생각할 것이다.

② 두 번째 유형

상사 "······라는 말이지?"

부하 "네, 네, 네."

상사 "그리고 다음은······라는 말이지? 여기까지는 이해하나?"

부하 "네, 네, 네, 네."

상사 "······."

모 잡지에서 나를 취재하러 나왔을 때였다. 기자가 대화를 나누다가 "네, 네, 네." 하며 꼭 세 번을 말하는 것이었다. 1시간 동안 인터뷰를 하는 내내 이 소리를 몇 번이나 들었는지 모른다. 중간에 세어 본 것만도 30번은 더 된다. 무려 2분에 1번 꼴로 내뱉은 것이다. 이 정도로 빈번하게 "네, 네, 네." 소리를 들으면 어떤 느낌일까?

"자네는 이래도 흥, 저래도 흥인가!"

누구라도 이렇게 말할 게 뻔하다.

열심히 말하던 사람은 자신이 바보취급 당하고 있다고 밖에 생각할 수 없다. 아울러 "이 사람은 정말로 내 얘기를 이해하고 있는 건가?"라며 불안해질 것이다.

어느 쪽이 되었든, "더 이상은 이 녀석과 말하고 싶지 않군." 하며 입을 다물고 싶어진다. 나는 기자의 그런 태도에도 불구하고 "정말로 내 말을 이해하고 있는 거죠?"라고 몇 번이나 확인하면서 인터뷰에 응했다.

그런데 걸작이었던 것은 그 회사의 다른 기자가 재차 취재하러 방문했을 때이다. 이 남자도 아니나 다를까, "네, 네, 네."라며 연거푸 3번씩 말하는 것이었다.

이 말을 듣고 나는 웃음이 나왔다. 이 회사는 윗사람이나 아랫사람이나 가릴 것 없이 "네, 네, 네."라고 대답하는 사람들뿐이었다. 혹시 '네는 한번으로는 부족하다.' 라는 교육이라도 받은 걸까? 그렇지 않다면 어떻게 한결같이 다들 "네, 네, 네."라고 하는 걸까?

(3) 대화에서 '앞질러 하는 말'은 즉시 퇴장감

다음과 같은 경우도 우리가 자주 범하는 실수다. 이 경우는 아무래도 머리의 회전이 빠른 사람에게 많은 것 같다.

장소는 모 레스토랑. 멤버는 대학관계자들이다. 자리에 앉아 얘기를 나누며 즐기는 파티였다. 그런데 한 사람 한 사람씩 돌아가면서 테이블 스피치(Tabel speech : 자기자리에서 일어나 하는 짧은 연설)를 하는 도중에 이런 일이 일어났다. 여기서 말하는 사람은 젊은 강사이고, 그리고 '실수를 저지른 사람'은 모 대학의 교수다.

③ 세 번째 유형

상대의 말꼬리를 잡고서 이야기를 삼천포로 빠뜨리는 사람

강사 "제가 영국에 있었을 때의 일이에요. 그곳은 아이리시 위스키의 본고장이기도 하죠. 영국에 있는 양주 바(Bar)에 자주 다니다가 그곳에서 어떤 남자와 친구가 되었어요. 그는 아이리시를 좋아해서 바에만 오면 후닥닥 앉아서 꼭 세 잔을 주문했죠."

교수 "그래? 술이 세군."

강사 "우리나라에서 쓰는 효소와는 다르죠. (일단 교수를 무시하지 않고 대꾸를 한다.) 그에게 다가가 말을 붙였더니 '나는 3형제 중에 막내인데, 항상 여기서 우리 형들과 한잔했어요.

지금은 영국이 불경기라서 형제들이 흩어져서 생활하고 있죠. 그래서 나는 옛날처럼 여기에 와서 형들을 생각하며 석 잔의 위스

키를 마시는 겁니다. 나만의 의식이죠.' 하고 말했어요..

그리고는 '첫 잔은 중국 상하이에서 일하고 있는 큰형을 위해,

두 번째 잔은 샌프란시스코에 있는 둘째형을 위해, 세 번째 잔은

나를 위해!' 라며 위스키를 비우더군요."

교수 "오호, 코가 찡한 얘기로군."

강사 "그 후로는 오랫동안 바에서 그와 마주치는 일이 없었어요. 시간
이 꽤 흐른 어느 날 그를 다시 만났는데 그가 앉아 있는 테이블
위에 위스키가 두 잔밖에 없는 거예요. 그래서 어찌된 일이냐고
물었죠."

교수 "형들 중에서 누군가가 죽은 거군. 참 안됐군……."

강사 "아뇨, '첫 잔은 중국 상하이에서 일하고 있는 큰형을 위해, 두 번
째 잔은 샌프란시스코에 있는 둘째형을 위해' 라는 대사까지는 변
함이 없었어요. 그래서 세 번째 잔은 어찌 된 거냐고 물었더니,
'사실……지금 나는 금주를 하고 있거든요.' 그러는 거예요."

일동 "아~, 뭐야. 그거였어." (폭소가 터진다)

강사의 이야기를 들으면서 상상력이 넘치는 교수는 자꾸 앞질러
이야기를 했다. 그러나 그의 예상은 빗나가고 마지막에서는 반전이
더욱 돋보이면서 마무리되었다. 하지만 대부분의 경우, 상대의 말꼬
리를 잡고서 이야기를 삼천포로 빠뜨리면 진행이 더뎌진다.

이 경우에도 만약 강사와 교수의 입장이 정반대였다면 어땠을까?
교수가 테이블 스피치를 하고 있는데 강사가 끼어 들며 "아하, 죽었
군요." 또는 "술을 끊은 거죠?"라고 말했다면 교수는 울컥 화가 치밀

어 오르지 않았을까?

운동경기에서도 부정출발을 두 번 하면 실격처리된다. 인간관계도 본질적으로 별반 다를 게 없다. 남의 말을 톡톡 끊어버리는 사람은 아무 곳에서도 환영받지 못한다.

⑷ 서두르면 대화를 그르친다

지레짐작은 머리의 회전이 빠르기 때문에 일어나는 일이다. '나는 남의 얘기도 잘 들어주고 얘기를 하게끔 유도도 잘하지.'라고 자신만만해하는 사람일수록 흔히 저지르기 쉬운 실수가 아닌가 싶다.

어째서 이런 일이 일어나는 걸까?

인간은 '말하기'보다 '듣기' 쪽의 정보처리 능력이 훨씬 빠르기 때문이다. 이것은 대원칙이니 꼭 기억해두길 바란다. 말하는 속도에 비해 듣는 능력은 약 3~5배 빠르게 처리된다. 다시 말해 상대가 말하는 내용을 순식간에 이해할 수 있을 뿐만 아니라, 하고자 하는 말의 앞의 말까지도 읽어낼 수 있다는 것이다. 그렇기 때문에 말이 끝나기도 전에 "결국은 ○○라는 얘기죠?"라며 상대에게 이야기의 주도권을 빼앗기도 하는 것이다. 잠시 침묵하고 있다가 "아아, ○○라고 말하고 싶은 거죠?"라면서 또 한번 정곡을 찌른다.

물론 이런 일은 언뜻 보기에 친절한 것 같지만, 실은 남의 이야기를 잘 들어주지 못하는 사람이 저지르는 결례다. 결례도 어지간한 것이 아니라 아주 큰 결례이다.

이런 무례한 대응을 하기 때문에 "그 사람 꽤나 경솔하더군요." 또는 "그와 말하고 있으면 정신이 다 산란해요. 다음부터는 담당자를 바꿨으면 좋겠어요."라는 불만의 소리를 듣는 것이다.

그렇다면 말을 하게끔 유도하는 기술이 뛰어나다는 것은 어떤 의미일까?

그것은 아무 말도 하지 않고 잠자코 듣는(경청하는) 것이다. 상대가 갑자기 입을 다물어도 이 침묵을 두려워하지 않고 함께 침묵하는 것이다.

"괜찮아요. 얘기가 다시 시작될 때까지 기다리고 있을 테니까."

이러한 무언의 암시가 오히려 상대에게 안정감을 주어 말하게 만든다. 이야기라고 하는 것은 단순히 입으로 말하고 귀로 듣는 것만은 아니다. 상대의 눈과 얼굴의 표정, 그리고 태도로 듣기 때문에 경청하는 모습을 보여주면 상대도 편안하게 이야기할 수 있는 것이다.

그런데 그것을 깨닫지 못하는 사람은 너무 앞질러서 이야기를 쏟아낸다. 이것은 추리소설을 읽고 있는 사람에게 "앗, 그거 말야. 범인은 ○○○야."라며 잘난 척하면서 말하는 것과 같다. 본인은 친절을 베풀 생각이었을지 모르나, 상대에게는 전혀 고맙지 않은 참견인 것이다.

상대의 말이 끝나기가 무섭게 반응을 보이는 사람이 있는데, 이는 좋지 않은 태도이다. 지금 막 이야기를 끝낸 사람의 귀(정확히는 뇌이지만)에는 자기 목소리의 잔상이 뚜렷이 남아 있기 때문에 이 잔상이 사라지기 전에 상대가 곧바로 반응을 보내면, 그 사람의 귀에는 자신의 목소리와 상대의 목소리가 겹쳐서 들린다.

그렇기 때문에 반드시 대화의 박자를 한 템포 늦춰야 한다. 그러면 자신의 목소리는 일단 지워지고, 뇌에서는 '지금부터 상대의 말을 잘 들어야지.' 하는 모드로 바뀌게 된다. 그런 다음 다시 이야기를 시작해야 무리가 따르지 않는다.

우리는 곧바로 반응을 보이면 '머리가 잘 돌아간다'고 생각한다. 그러나 이것은 어디까지나 착각이고, 상대는 마음속으로 "사람이 말을 하면 끝까지 들어야 할 것 아냐."라고 생각한다.

제 3 장

뜻밖에 상대가 입을 여는
계기가 된 한마디

1. 첫 대면에서 흉금을 털어놓게 만드는 접근법

(1) 대답하기 쉬운 질문부터 하자

처음 대면을 하는 상대와 거리낌없이 대화할 수 있는 사람은 적다. 미국인들은 엘리베이터 안에서 시선이 마주치기만 해도 "굿모닝."하고 방긋 웃으며 인사를 건넨다. 본 적도 없고, 아는 사이도 아닌데 말이다. 이에 반해 우리들은 대부분 층수를 나타내는 램프만 뚫어져라 보면서 뚱한 표정을 짓는다.

이것을 단순히 동서양의 특성이라고만 단정지을 것은 아닌 듯싶다. 비즈니스 상황에서는 이런 낯가림과 무뚝뚝함이 마이너스 요인으로 작용하는 경우가 많다.

사업적인 전략이 되었든 어쨌든, 상대의 입을 열기 위해서는 우선 대답하기 쉬운 질문부터 던져서 자연스럽게 말의 물꼬를 트는 것이 무난하다.

가령, "최근 취업난에 대해서 어떻게 생각하십니까?"와 같은 질문보다는 "올 여름은 예년보다도 더운 것 같군요."라든가 "우리나라가 우승할 수 있을까요?"와 같이 무겁지 않은 화제부터 꺼내는 것이 좋다. 날씨에 관한 화제는 대화의 도화선에 불을 붙이는 시발점이다.

'최근의 취업난에 대해서 어떻게 생각하십니까?' 라는 화제가 부적

절한 이유는 우선 어떻게 대답해야 좋을지 막막한 경우가 많고, 질
문한 사람의 의도가 무엇인지 도무지 종잡을 수 없기 때문이다.

　일반적으로 '예스'나 '노'는 대답하기 쉬우니까 처음에는 '예스'
나 '노'로 대답할 수 있는 질문을 하자.

- ⊙ "골프 치십니까?"
- ◈ "야구는 좋아하세요?"
- ▣ "여행을 좋아하나요?"

　권투에서 가볍게 날리는 잽처럼 이런 부담 없는 화제를 연속적으
로 던진다. 그런 다음에 차차 '예스'나 '노'로는 대답할 수 없는 질
문으로 들어가는 것이 좋다.

- ⊙ "핸디캡은 어떤 게 있으세요?"
- ◈ "어느 팀 팬이세요?"
- ▣ "지금까지 가본 곳 중에서 어디가 제일 인상적이었습니까?"

　이런 질문을 받는다면 "별 걸 다 묻네."라며 시큰둥한 반응을 보이
지는 않을 것이다. 상대는 기꺼이 대답해줄 것이다.

- ⊙ "이제 일을 막 시작해서 핸디캡이라 할 만한 게 없네요."
- ◈ "자이언츠예요. 자이언츠가 이기지 못한 날에는 기분이 안 좋아 보인다
  는 말을 들어요."

■ "그리스요. 에게해는 정말 최고였죠. 다시 한번 꼭 가고 싶어요."

이런 식으로 하면 된다.

어느 날 내가 고문을 맡고 있는 회사로부터 신입사원 채용의 면접관으로 와달라는 부탁을 받았다. 그때 나는 처음 한두 개의 질문은 상대가 긴장감을 풀고 마음의 준비를 할 수 있도록 대수롭지 않은 질문부터 던졌다.

"여기까지는 금방 찾아 왔나요?"

그랬더니 "예, 쉽게 찾아 왔습니다."라고 말하는 사람도 있었고, "아뇨, 길은 좀 헤매기는 했지만, 지도가 있어서 괜찮았습니다."라며 면접에 만반의 준비가 갖춰져 있음을 어필하는 사람도 있었다.

이처럼 간단한 대화가 이루어지고 상대의 입이 조금씩 풀리면 본격적인 면접으로 들어간다. 이렇게 하지 않으면 상대는 긴장한 상태에서 자신의 기량을 맘껏 발휘할 수 없기 때문에 인재 채용을 그르치는 경우도 있다.

물론 게중에는 "사람이 너무 물러터졌군. 처음부터 당차게 자신의 의견을 말할 수 있는 사람이 아니면 안 되지."라고 생각하는 사람도 있을지 모른다. 그러나 내가 사람들을 만날 때 서로의 사이에 놓여 있는 빙벽부터 천천히 녹이려는 이유는 옷깃만 스쳐도 인연이라는 말처럼 다른 사람과의 만남을 소중히 여기기 때문이다.

사실, 면접에 붙는 사람보다는 떨어지는 사람이 더 많다. 때문에 이번 한번밖에 만나지 못하는 사람들이 대부분이다. 그래서 나는 적어도 그들이 "면접이 너무 앞 번호라 긴장하고 말았어."라는 왠지 억

울한 기분만큼은 들게 하고 싶지 않았던 것이다.

(2) 부하 직원과의 효과적인 대화법

어느 날 나와 친하게 지내는 한 중소기업 경영자가 이런 고민을 털어놓았다.

"상반기 사업 운영 계획에 대해 회의를 진행하던 중에, 갑자기 끼어 들어 자기 의견을 말하는 직원을 호통친 적이 있었다네. 그런데 그 일이 있은 이후로 그는 두 번 다시 나와 눈도 마주치지 않고, 어떤 제안도 하지 않고 있네. 참 유능한 직원이란 건 알고 있었지만 그 순간엔 어쩔 수 없었지. 이럴 땐 어떻게 해야 하나?"

실제로 직원들이 제안하는 방안 중에서는 쓸모 없는 경우가 많이 있다. 하지만 그렇다고 해서 그들의 제안을 무조건 저버리는 것은 옳지 않은 방법이다. 대신 그 제안이 왜 적절하지 못한지 충분한 설명을 곁들여 그가 수긍할 수 있도록 하는 것이 필요하다. 그렇지 않다면 그 직원뿐만 아니라 다른 직원들도 더 이상 회사 일에 입을 열려고 하지 않을 것이다.

직원들은 일을 하는 주체이다. 그에 합당한 대우를 하는 게 당연지사다. 직장은 일하는 시간이 아니라 성과에 대한 보상으로 봉급을 지급한다. 이러한 성과는 실제 업무를 담당하는 직원과 효과적인 의사소통이 이루어져야 가능하다.

① 업무 결정과 논의 과정에 적극적으로 참여시킨다

회사의 예산, 프로젝트 진행과정 등 직원들이 알고 있어야 할 사항들을 체크한다. 그리고 업무 내용과 논의 과정에 직원들이 적극적으로 참여할 수 있도록 한다. 그들에게 질문을 많이 한다. 경험이 많은 직원이라면 상사가 제시한 대안에 대해서 열린 태도를 갖고 경청할 것이다.

그리고 제시한 대안 중 실행 가능한 것과 불가능한 것을 구분하여 알려준다. 즉, 어떤 제안이 실현 가능한지 또는 불가능한지 알려준 다음 마지막으로 실현 가능한 것 중에서 그들이 선택할 수 있도록 한다.

이런 논의 과정에서는 공식, 비공식적인 의사소통 경로를 모두 이용한다. 포도넝쿨처럼 얽힌 사내의 의사소통 망을 효과적으로 연결하는 것이다. 일 대 일로 대면하여 이야기하기, 사보에 글 싣기, 문서 배포, 홈페이지나 이메일 등 그 방법은 무궁무진하다.

② 사안의 시급함과 요구되는 업무를 명시하라

사람들은 공적으로 주어지는 업무에 대해 일단은 시간을 끄는 경향이 있다. 특히, 오래 전에 시작된 업무라면 은근슬쩍 무시하고 넘어갈 가능성이 높다. 급한 일이 아니라면, 뒷전으로 미룰 것이다.

이처럼 업무가 지연되는 것은 대부분 상사와 직원간에 원활한 커뮤니케이션이 이루어지지 않은 직장에서 흔히 일어나는 일이다. 일방적인 지시만으로 해결되지 못하는 일은 다 함께 머리를 맞대고 대화하는 것이 가장 효과적인 방법이다.

이때 사안의 중요성과, 업무에 마감 시간이 있다는 것을 알려준다. 그리고 무엇이 성취되어야 하는지 설명하고, 뛰어난 성과가 나오길 기대한다고 격려의 말을 건넨다.

③ 원하는 결과와 그 이유를 충분히 설명하라

이것은 직원들에게 최종 제품 설명이나 고객을 상대하는 서비스에 대한 오해를 제거하는 효과가 있다. 직원으로서 해야 할 일이 분명하고, 신제품 이나 고객 서비스가 무엇이 될지 알고 있다면, 문제가 발생할 때 해결책도 보다 쉽게 마련할 수 있다. 그 일이 왜 중요한지 말해 준다면, 직원들은 책임감을 갖고 업무를 수행할 것이다.

④ 지속적인 피드백과 협력을 제공하라

직원들에게 그들의 능력을 발휘할 수 있도록 필요로 하는 것은 언제나 도와 줄 수 있다는 사실을 적극적으로 알린다. 누가 시키지 않아도 나서서 일할 수 있는 분위기를 만들려면 꾸준한 투자와 교육이 필요하다.

2 이야기의 물꼬를 트는 한마디 말

(1) 상대의 마음을 읽는 베테랑 카운슬러

상대의 마음을 읽는 직업으로는 카운슬러나 심리치료사, 영업사원 등이 있는데, 늘 프로로서의 능력이 요구된다. 그 중에서도 베테랑 카운슬러라고 일컬어지는 사람들은 이런 말을 자주 한다.

"말을 많이 해서 실패한 적은 있어도, 질문을 많이 해서 실패한 적은 없다."

말하는 능력이 아무리 뛰어나다 해도 상대의 마음을 읽는 데에는 별 도움이 되지 못한다. 그것보다는 잘 듣는 것이 많은 도움이 된다. 가능하면 마음을 열고 상대가 편안하게 이야기할 수 있게 만드는 기술이 가장 중요한 능력인 것이다.

▷ 카운슬링의 기본이 되는 4가지 키워드 ◁

① 수용하다 (accept)

② 경청하다 (listening)

③ 공감하다 (sympathy)

④ 응답하다 (response)

카운슬러는 우선 클라이언트(상담자)가 안고 있는 문제에 대해 "절대 그럴 리가 없습니다.", "그것은 뭔가 잘못된 것입니다. 착각이죠."라고 부정하지 말고, 상대가 말하는 것을 그냥 듣고 있어야 한다. 즉, 수용과 경청의 자세가 필요하다.

"아, 그렇군요."라며 더욱 열중해서 들어주면 상담자에게서 심경의 변화가 나타난다. "이 선생님은 내 마음을 이해하고 있는 거야."라며 마치 자신의 고민을 절반 정도 같이 나누고 있는 것처럼 느끼게 된다. 실제로 심리 치료 중에는 환자가 안고 있는 무거운 짐이 절반으로 줄어드는 경우도 적지 않다.

인간은 자신의 이야기를 거부감 없이 들어 주는 사람에게 마음을 연다. 그러나 현실적으로 따지자면, 실제로 진지하게 이야기를 들어야 하는 진짜 이유는 카운슬러가 상담자에 대해 아는 것이 별로 없기 때문이라고밖에 말할 수 없다.

그런데 이상한 것은 상담자는 자신에 대해 전혀 모르기 때문에 진지하게 들어주는 카운슬러를 좋아한다는 것이다. 그래서 "이미 다 알고 있어요. 또 그 얘기인가요?"라며 적당히 듣는 카운슬러는 선호하지 않는다고 한다.

따라서 상담자가 하는 이야기를 들을 때에 베테랑 카운슬러는 자신의 의견을 내놓지 않는다. 그저 수긍해 주면서 들을 뿐이다. 다 알고 있어도 일부러 말하지 않는다. 왜냐하면 카운슬러가 상담자의 대역이 되어 무언가를 해 줄 수는 없기 때문이다.

그렇지만 풋내기 카운슬러일수록 "나라면 이렇게 하겠는데요."라든가 "이렇게 생각하면 어떨까요?"라며 지나치게 반응을 보이려 애쓴다. 그러나 이렇게 불필요한 참견을 해서 결과가 좋았던 적은 없다. 이런 것들은 모두 상담자 스스로가 해결방법을 모색하는 것을 방해한다. 결국 카운슬러의 세계에서는 상담자에 대한 과잉 친절이 그를 더욱 전락시키는 꼴이 되기도 한다.

상담자의 말을 부정하지 않으면서 담담한 관계를 구축시키기 위해서는 순순히 듣는 것이 중요하다. 하지만 여기에는 굉장한 훈련이 요구된다. 인간은 가르치는 것, 말하는 것을 좋아하는 동물이기 때문에 정도를 넘어서기가 일쑤다. 그러니까 너무 말을 많이 하면 실패할 확률도 그만큼 높아진다.

(2) 이야기가 막혔을 때 '불쑥 튀어나온 한마디'

카운슬링에서 항상 이용하는 캐치프레이즈가 있다고 한다. 이 말이 바로 베테랑 카운슬러가 잘 쓰는 '이야기의 물꼬를 트는 한마디'인 것이다.

▷ 카운슬링에 이용하는 3가지 핵심 캐치프레이즈 ◁

① 그거 큰일이군요
② 그거 복잡하네요
③ 그 얘기를 좀더 자세히 해 주세요

그럼, 이 세 가지 캐치프레이즈를 이용해서 커뮤니케이션하는 상황을 살펴보자. 다음의 사례는 '심리요법'과 '비즈니스'라는 두 가지 경우로 구성해 보았다.

◇ 심리요법의 경우

① 그거 큰일이군요

상담자 "나에게 '죽어라, 죽어라' 그래요."

카운슬러 "그거 큰일이군요. 누가 그런 말을 하던가요?"

상담자 "모두들 그래요."

카운슬러 "그거 참 큰일이네요. 지금도 그런 소리가 들리나요?"

상담자 "네. 지금도 들려요."

② 그거 복잡하네요

상담자 "어째서 이런 소리가 들리는 거죠? 괴로워요. 자나깨나 들리니까?"

카운슬러 "그거 정말로 복잡한 문제이군요. 그럼 이 소리는 들립니까?" (톡톡 책상을 두드린다.)

상담자 "들려요."

카운슬러 "그래요? 저도 들립니다. 그럼 제 귀의 울림은 들립니까?"

| 상담자 | "귀의 울림 같은 게 있나요?" |

| 카운슬러 | "네, 아까부터 줄곧 귀가 울리고 있어요. 복잡하죠?" |

| 상담자 | "네…… 하지만 나한테는 들리지가 않는데요." |

| 카운슬러 | "그러세요?" |

③ 그 얘기를 좀더 자세히 해 주세요

| 카운슬러 | "당신은 죽어라, 죽어라 하는 소리가 들린다고 했죠? 그 얘기를 좀더 자세히 해 주세요." |

| 상담자 | "그러죠. 지금도 누군가가 그렇게 말하고 있어요. 소곤거리는 목소리로요." |

| 카운슬러 | "그래요? 그럼, 내 귀의 울림이 왜 당신에게는 들리지 않는 걸까요?" |

| 상담자 | "그것은 선생님의 귀가 울리기 때문이겠죠. 내 귀가 아니고요." |

| 카운슬러 | "그렇군요. 그 얘기를 좀더 자세히 해 보세요." |

| 상담자 | "그러니까 귀가 울리는 것은 선생님의 귀지, 제 귀가 아니잖아요? 따라서 나한테는 들리지 않는 거죠. 음…… 그렇다면 나한테 들리는 죽어라, 죽어라 하는 말도 선생님한테는 들리지 않는다는 건가요?" |

| 카운슬러 | "네, 저에게는 들리지가 않네요." |

| 상담자 | "그렇다면 환청인가요?" |

카운슬러 "그럴지도 모르죠."

상담자 "그렇군요."

◇ 비즈니스의 경우

① 그거 큰일이군요

고객 "아이구, 정말 미치겠네. 거래처에서 비용을 절반으로 낮춰달라는 긴급한 제의가 들어왔으니."

영업사원 "그거 큰일이군요."

고객 "그래서 말인데, 자네가 신제품을 소개하러 와봤자 사지를 못한단 말일세. 오히려 우리가 가격을 낮춰달라는 요구나 받고 있으니 말야."

영업사원 "그거 참 큰일이군요."

고객 "정말 그래. 하지만 나는 가급적이면 자네 회사의 신제품으로 바꾸고 싶은데, 종래의 것과 비교해서 비용은 얼마나 낮출 수 있나?"

영업사원 "대략 절반 정도가 될 것 같은데요. 여기도 힘드신 것 같으니 저희 쪽에서도 방안을 모색해보겠습니다. 두루두루 좋은 게 좋은 거죠."

② 그거 복잡하네요

고객 "며칠 전에 제안했던 건 말인데, 그거 무산됐네."

영업사원 "네? 어째서요? 이거 복잡해지네요."

고객 "그렇다네. 우리 회사의 장래는 복잡하고 미묘하지."

영업사원 "정확한 이유가 무엇입니까? 다시 한번 기획을 수정해서 찾아뵙겠습니다."

고객 "몇 가지가 있지만 우선 가격이 좀 비싸네. 자네 회사 상품의 부가가치는 다른 회사보다 떨어지지."

영업사원 "그렇습니까? 그것 참 어렵네요."

고객 "그렇다네. 다시 검토해 보는 것은 어렵겠나?"

영업사원 "아뇨, 아뇨. 꼭 검토해 보겠습니다."

③ 그 얘기를 좀더 자세히 해 주세요

고객 "재검토한 제안서 봤네. 상당히 고무적이더군. 그런데 내가 그 제안서를 밀었지만 말야, 조금 더 분발해야겠어."

영업사원 "그 말씀인 즉은……. 거기에 대해 좀 더 자세히 얘기를 듣고 싶은데요."

고객 "그게 말일세. 다른 회사는 물물교환이라도 좋다고 하더군. 우리 공장에 장비를 납품하는 대신에 우리 회사의 상품을 사원들에게 알선해 준다는 거야."

영업사원 "그렇습니까? 어느 정도의 납품가격인가요? 그 얘기를 좀더
자세히 들었으면 하는데요."

고객 "좋아, 알았어. 자네니까 특별히 다른 회사가 제안한 내용을
가르쳐 주는 걸세."

영업사원 "가능한 한 자세히 부탁드립니다."

여기서 말하는 '그거 큰일이군요', '그거 복잡하네요', '그 얘기를
좀더 자세히 해주세요' 라는 캐치프레이즈는 우선 대화의 주도권을
상대에게 되돌려 준 다음, 거기서 더 깊은 이야기를 듣는데 아주 유
용한 표현들이다.

사실은 세 번째의 "그 얘기를 좀더 자세히 해주세요."라는 말은 영
어에서도 자주 쓰인다. "Please more specific." 라는 말은 상대가
무슨 말을 하고 있는지 이해되지 않는 경우, 전문용어를 잘 모르겠
으니 다른 쉬운 말로 설명해 주기를 원할 때 사용한다. 이와 같은 말
들은 상대의 이야기를 이끌어내는 데 매우 효과적이다.

3. 상대를 이야기하게 만드는 입버릇

(1) 실마리를 푸는 말을 찾아라

커뮤니케이션에는 '정확히 이야기하게 만드는 법'과 '마음 편안히 이야기하게 만든 법'이라는 두 가지 방법이 있다.

정확히 이야기하게 만들려면 상대의 이야기가 삼천포로 빠지려 할 때에 얼른 수정해서, 본궤도에 올려놓는 것이 중요하다. 이 기술은 필연적으로 콕 찍어 대답을 하지 않으면 안 되기 때문에 정확하지만 아무래도 대화의 깊이나 심오함이 없다.

반대로, 마음 편안히 이야기하게 만들기 위해서는 다소 무관한 말도 이것저것 해야 하기 때문에 부풀려지고 확대된다. 계속 이런 말만 하다가는 한도 끝도 없는 게 아닐까 하는 착각이 들 정도다. 그래서 마음 편하게 이야기하게 만드는 기술은 아이디어 회의라든가 기획회의, 정보교환을 할 때에 효과적이다.

비즈니스에서는 서로의 의사를 정확히 전달하기 위한 '보고·연락·상담'이 요구된다. 이런 단계를 밟아나갈 때에는 두루뭉실한 정보로는 커뮤니케이션이 되지 않는다.

그런데 비즈니스에서 계획을 세우거나 고객과 상담을 한 후에 상대방이 "그런데 당신의 의견은 어떤가요? 뭔가 하실 말씀이 있으면 제안해 주세요."라고 요구하는 경우가 많다. 이때 상대의 입장이 어떤지 이야기하게 만드는 '실마리를 푸는 말'로써 추천하고 싶은 캐치프레이즈가 두 가지 있다.

(2) 자네, 어떻게 생각하나?

우선 하나는 "자네, 어떻게 생각하나?"라는 말이다.

이것은 내가 이제 갓 들어온 신입사원에서부터 사장에 이르기까지 누구에게나 똑같이 묻는 말이다. 더욱이 나는 그 대답을 건성건성 듣는 게 아니라, 아주 열심히 듣는다. 이러한 나의 태도가 전달되기 때문에 말하는 사람도 열심이다. 그리고 나는 그 방법을 통해서 많은 정보를 얻었다.

"자네는 어떻게 생각하나?"라는 질문을 던지면 누구나 열심히 생각한다. 아이디어를 짜내고 또 짜낸다. 질문을 받은 사람들은 동료가 대답하는 것을 듣고서 "아, 이 사람은 열심히 공부하고 있군." 하고 느끼며 자극을 받는다. 만약 그 자리에서 대답하지 못하더라도 '다음 번에 물어보면 꼭 제대로 대답할 수 있게 공부해 둬야지.'라는 투지를 다진다.

아니면, 다소 시간이 지나서라도 "죄송합니다만, 요전에 하신 질문 말인데요, 저는 이렇게 생각합니다." 라고 말하기도 한다. 의식이 있는 사람이라면 "그렇군. 줄곧 거기에 대해 생각을 했나보군. 훌륭해."

하면서 이해해줄 것이다. 그리고 이런 말을 들은 당사자는 "좋았어. 더 열심히 공부해야지." 하고 긍정적인 생각을 갖는다.

그런데 이상한 것은 질문을 받은 상대방이 나에 대해서 '저 사람은 아무 것도 몰라.' 라고 생각하지 않는다는 것이다. 어디 그뿐인가. "그는 다른 사람의 얘기를 잘 들어주는 분이야. 대단해."라며 오히려 칭찬하고 감동까지 한다. 내가 다른 사람에게 배우는 입장인데도 불구하고 칭찬을 받는 것은 왜일까?

그것은 사람들은 기본적으로 남을 가르치는 것을 좋아하기 때문이다. 이처럼 상대방에게 말을 잘 시키는 사람은 매우 득이 되는 것이다.

(3) 이거, 어쩌면 좋겠나?

다른 하나는 "이거, 어쩌면 좋겠나?" 라는 말이다.

이 질문이 자칫 본인은 아무 생각도 하지 않고 남의 말만 듣겠다는 한심한 태도로 보일지도 모르지만, 절대 그렇지가 않다.

나는 이미 마음속으로 많은 생각을 하고 합당한 결론을 내린 상태다. 그러나 그것은 일단 제쳐두고 주변 사람들의 아이디어를 순수한 마음으로 들어보자는 자세가 그런 말을 하게 만드는 것이다.

담당자 "12월의 행사 말인데요, 어림잡아 3천명 정도는 손님을 모집했으면 합니다. 뭐 좋은 방법이 없겠습니까?"

나	"글쎄요…… 당신은 어떻게 하면 좋을 것 같나요?"
담당자	"내가 생각하기에는 신문이나 텔레비전 같은 매스컴을 중심으로 해 가면 좋을 것 같은데요."
나	"그거 좋네요. 그럼, 구체적으로는 어떻게 하면 될까요?"
담당자	"구체적으로 어떻게 할지 망설이니까 당신에게 물어보는 거죠."
나	"그렇군요. (다른 사원들을 향해) 여러분 어떻게 하면 좋을 것 같나요?"
사원A	"저는 지금까지의 고객명단을 훑어보는 것부터 시작하는 게 좋을 것 같은데요."
사원B	"글쎄요. 저는 홈페이지에 게재하거나 그것을 바탕으로 홍보를 전개하면 어떨까 하는 생각을 했는데요."
사원C	"교육과 관련된 이벤트니까 교육부 쪽의 관계자나 지방 자치단체의 공무원, 수도권의 각 학교장에게 전화나 메일로 선전하거나 단행본을 발간하는 것도 좋지 않을까요?"
나	"그것도 좋네요. 여러분이 의견을 낸 건 다 가능할 것 같네요."

이처럼 주위의 지혜를 짜내고 또 짜내어 집대성하는 것이다. 그러면 문제 해결의 실마리를 금방 발견할 수 있다.

내가 "어떻게 하면 좋을 것 같나요?"라고 묻는 이유는 예상치 않은 곳에서 기발한 아이디어가 나오기 때문이다. 늘 하던 대로 하면 평범한 해결방법밖에 나오지 않는다. 하지만 여러 사람들을 모아놓고 동시에 질문을 던지면 서로 "아, 그런가? 그런 방법도 있었군." 하며 깨닫게 된다.

　모여 있는 사람들의 아이디어를 하나둘씩 끌어내면 정말로 생각지도 못한 보배가 나오게 된다. 제아무리 천재일지라도 혼자 생각해 낸 아이디어와는 비교가 안 될 정도로 뛰어나다.

4. '신경을 거슬리는' 말에 대한 대응술

(1) '시비를 거는 말'에 말려들지 마라

상대의 입을 열게 하는 말에는 여러 가지가 있다. 게중에는 '시비를 거는 말'과 '그것을 받아치는 말'처럼 거의 서로 자동적으로 튀어나오는 말도 있다.

예를 들면, 다음과 같은 실랑이가 오고가는 경우다.

어머니 "오늘 학교에서는 무슨 일 없었니?"

자식 "별로요."

어머니 "숙제는?"

자식 "없어요."

어머니 "선생님이 특별히 하신 말씀은?"

자식 "별로."

어머니 "이상하네. (가방을 맘대로 열어제치며) 아, 여기 있잖니? 숙제도 이렇게 많고! 방금 없다고 하지 않았어? 왜 거짓말을 하니, 응?"

자식 "잊어버렸어요. 지금 하려고 했는데 잔소리 좀 그만 하세요."

아이가 대답하기 싫어도 엄마의 질문공세가 이어진다. 이렇게 되면 대화고 뭐고 아무 것도 안 된다.

시비를 거는 말과 그것을 받아치는 말이 이어지는 까닭은 시비를 거는 사람과 그 말을 받아치는 사람이 같은 대결선상에 있기 때문이다. 만약 대결선상에서 벗어나면 시비를 거는 말 따위에는 말려들지 않고 끝날 것이다. 그러면 어떻게 하면 같은 대결선상에 서지 않고 잘 마무리를 지을 수 있을까?

방법은 간단하다. 말을 하는 방법이나 태도가 신경에 거슬리면 우선 맨 처음에는 '어째서 이 사람은 이런 식으로 말을 하는 걸까?' 또는 '어떤 이유로 이런 태도를 취하는 걸까?' 라고 상대를 연구의 대상으로 삼는 것이다.

그렇게 함으로써 지금까지 대결선상에 있을 때는 보이지 않던 상황 즉, 상대가 무엇을 생각하고 있는지 간파할 수 있게 된다.

♠성공대화 키워드 K E Y W O R D

시비를 거는 말 따위에는 말려들지 않고 상대의 입을 열게 하는 방법은 의외로 간단하다. 상대의 마음에 들지 않는 태도, 신경에 거슬리는 말투, 그 자체에 격분해서는 절대로 안 된다. 거기에 말려들지 말고, 한발자국 떨어져서 상대를 '연구 대상' 으로 삼는다. 그러면 자연히 실험대에 오른 사람을 똑바로 관찰하기 위해서 자신은 객관적으로 된다. "왜 그가 이런 식으로 말하는 거지?" 이것만 알면 게임은 끝이다.

(2) '확 열이 받치는 말'에 감춰진 이면을 간파하라

나는 몇 번인가 점을 친 적이 있다. 점을 믿어서가 아니라 점술가의 이야기를 듣는 것이 재미있고 즐겁기 때문이다.

점술가 "최근에 금새 피곤해지거나 하지는 않나요?"

나 "그렇기는 하죠. 이런 너위에는 아무래도 지치기 마련이니까요."

점술가 "그렇죠? 맞아요. 손금에 그대로 나와 있다니까. 간장과 신장이 안 좋아요. 수분은 많이 섭취하나요?"

나 "이렇게 더운 날씨에는 당연하죠."

점술가 "수분을 너무 섭취하면 몸에 부담이 가요."

나 "그렇군요. 그 외에도 주의해야 할 일이 있습니까?"

점술가 "질문을 하나 더 하면 복채를 올려줘야 하는데…… 어디 봅시다, 그러니까 부모님이 좀……. 그런 징후가 있으신가요?"

나 "네, 지금 아버님의 건강이 안 좋으세요. 작년에 병원에서 퇴원하셨는데 회복이 늦어요."

점술가 "그것 참 걱정이네요. 하지만 괜찮을 겁니다. 당신이 열심히 간병하면 멀지 않은 시일 내에 나으실 겁니다."

대부분 이런 경우다.

맞아도 그만, 안 맞아도 그만이다. 족집게처럼 알아맞히는 경우는 거의 없다. 대개 점술가는 손님에게 질문을 먼저 던진 다음에 대답한다. 손금을 보기는 보지만, 손님이 먼저 고민거리를 말하고 세상사는 이야기를 하면 점술가는 답변을 찾아가는 것이다.

점술가 "여자문제로 고민하지 않습니까?"

남성 "아뇨, 고민하고 있는 문제는 자식 일인데요."

점술가 "그 애는 아들입니까 딸입니까?"

남성 "딸입니다."

점술가 "그것 보셔. 여자문제 아닙니까!"

이 점술가는 우격다짐으로 일관하고 있지만, 이때 본질은 점을 보는 행위가 아니라 상대의 '이야기를 들어주는' 것이 아닐까? 점술가는 손님의 이야기를 들으면서 '어째서 이 사람은 이런 상담을 하는 걸까?'라며 곰곰이 생각할 것이다.

다시 말해, 그들의 장삿속을 성사시키는 능력은 '관찰력'인 것이다. '코에 걸면 코걸이, 귀에 걸면 귀걸이' 식으로 손님의 반응을 보면서 서서히 답변해 나가다 보면 어느새 핵심에 가까워져 간다. 그리고 다행히 핵심을 정통으로 찔렀을 때에는 "그렇습니다. 바로 그 문제입니다."라고 갑자기 소리 높여서 강조한다. 이렇게 되면 누구라도 카리스마 있는 점술사가 되지 않을까?

이런 대화의 노하우를 기르면 상대의 마음을 꿰뚫는 훈련이 되고, 설득을 위한 강력한 단서를 발견하는 테크닉을 스스로 터득할 수 있을 것이다.

제 4 장

나의 페이스로 끌어들이는
질문에 관한 기술

1. 대화의 페이스를 주도하는 '촉매제'

(1) 폐쇄적인 질문과 개방적인 질문

만약 내가 어떤 질문을 던진다면, 그 질문을 받은 상대방은 먼저 나의 느낌과 질문 의도를 파악하려 할 것이다. 그러므로 상대가 머리 속에서 정보를 정리하여 그 질문에 대한 대답을 하기까지는 어느 정도의 시간이 필요하다.

질문을 하는 사람은 상대방의 답변에서 자신이 이해하고 알고 싶은 내용을 확인하고, 그래도 부족하다면 원하는 정보를 얻을 때까지 계속 질문을 이어간다.

이와 같이 질문에서 가장 중요한 것은 그것이 상대에게 어떠한 답변을 이끌어내느냐에 있다. 이것을 기준으로 크게 폐쇄적인 질문과 개방적인 질문으로 나눌 수 있다.

① 폐쇄적인 질문

일반적으로 폐쇄적인 질문은 사실적인 정보 등을 얻기 위해 사용하며, 상대에게 '긍정' 또는 '부정'의 대답을 이끌어낸다.

또한, 이런 질문을 받은 상대방에게 어떠한 입장 내지 의견을 갖게 하는 성질이 있고 상대방의 대답에 영향을 주기 위해 질문하기도 한

다. 그리고 정보를 요구하는 질문이기 때문에 상대방이 가진 정보의
정확성을 따지기도 한다.

"오늘은 무슨 날이지?" 또는 "오늘 꼭 필요한 것이 무엇이지?"와
같은 간단명료하고도 단도직입적인 질문으로 간단히 대답하기 쉽기
때문에, 주로 직접적인 대화에 많이 사용된다.

그러나 이런 질문은 효과적이지만 너무 과도하게 사용할 경우에
상대방을 화나게 할 수도 있다. 이런 유형의 질문은 대화를 하는 동
안의 처음이나 중간, 또는 마지막 타임에 추가하는 것이 좋다.

당신이 구체적인 사실을 원하거나, 처음 만난 상대를 파악하고 싶
거나, 대화를 자신이 원하는 방향으로 이끌고 싶다면 이 폐쇄적인
유형의 질문을 사용해 보라. 이 경우 틀린 답은 없다. 만약 원하는
답이 나오지 않았다면 단지 상대에게 합당한 질문을 던지지 않았기
때문이다.

이런 유형의 질문에는 결론을 성급하게 내리기보다 그에 관해 깊
이 조사하는 편이 더 낫다. 한 번의 질문을 통해 사실, 정보, 약속 등
을 얻어낼 수 있고, 상대방에게 앞으로 나올 이야기에 대하여 예고
할 수도 있다.

② 개방적인 질문

개방적인 질문은 상대방에게 생각을 심어주고 그가 생각하는 것을
간접적으로 조종할 수 있다. 이런 질문은 상대방의 사고와 감정에
직접적인 영향을 끼친다. 그리고 자신에 대해 한번 더 생각하고 발
견할 기회를 준다.

이런 개방적인 질문은 대화를 촉진시켜 생각을 치밀하게 하는 것은 물론 상대의 적극성과 창조성을 자극한다. 개방적인 질문은 간단히 '네', '아니오'라는 단답형의 대답을 이끌어내지 않는다. 또한, 대화의 방향을 일방적으로 설정할 수 없지만 상대방의 구체적인 의견을 알아내는 데는 매우 좋은 방법이다.

"그런 경우에 어떻게 하면 좋겠어요?" 또는 "지금의 업무를 개선시키기 위해 혹시 다른 제안이 있습니까?"와 같은 질문은 포괄적이고 친근한 내용을 담고 있다.

이처럼 상대방에게서 진정한 의견을 이끌어 내거나, 대화의 주제를 확장시키며, 상대의 본심과 생각을 알아내려면 개방적인 질문을 던져야 한다. 개방적인 질문은 상대에게 깊은 사고를 통한 대답을 이끌어내고, 모두가 잘 이해할 수 있도록 도움을 준다.

'어떻게', '무엇을', '무슨 방법이 있는가?' 라는 식의 질문이 가장 사용하기 쉬운 개방적인 질문이다.

"무엇을 고쳐야 서비스를 개선시킬 수 있을까?"

"언제 이 계획을 실행에 옮길 것인가?"

"어떻게 이 문제를 개선시킬 수 있을까?"

"소비자의 요구를 더 효과적으로 들어줄 방법은 무엇인가?"

여기서 한 가지 더 주의해야 할 것은, 될 수 있는 대로 "왜?"가 들어 있는 질문은 피한다. 이런 유형의 질문은 단순하게 '왜냐하면'이라는 식의 대답을 이끌어내고 대화가 거기서 멈춰버릴 가능성이 높다. 또한, 상대방에게 위압감을 주며, 힐난하는 것으로 들려 자칫하면 경멸하는 태도로 비칠 수도 있다.

상대방이 갖고 있는 가정에 대해 질문하라. 즉, 효과적인 대화를 위해서 자신이 동의하지 못하는 부분에 대해 상대에게 질문하여 그 차이점이 무엇인지 밝히는 것이다.

가령, 고객이 마지막으로 계약서에 서명을 해야 되는데 갑자기 망설이는 경우가 있다. 그는 방금 전까지 깊은 관심을 보이며 설명을 듣고, 결국 사인하는 단계까지 왔는데 왜 갑자기 돌변한 것일까? 그렇다면 상대가 갖고 있는 의문이 무엇인지 질문하라. "방금 전까지 만족하신 것 같았는데, 별로 맘에 안 드시나 보죠? 왜 그런지 알 수 있을까요?"라고 자신의 입장을 솔직하게 말한다. 이때 고객은 "조건은 좋은데, 제품에 대한 신뢰가 가지 않는다."라고 솔직히 말할 것이다.

그 이유가 무엇이든 고객이 왜 그렇게 느끼는지 확인할 수 있다면 문제는 의외로 간단히 풀릴 수 있다.

(2) '촉매제'를 제대로 써라

텔레비전, 라디오, 신문, 잡지의 대담이나 인터뷰를 보면, 각각의 독특한 맛이 배어 나온다. 텔레비전이나 라디오에는 방송국의 지향 목표나 프로그램의 취향 등이 나타나고, 지면에는 신문사의 주장이 담겨 있다.

예를 들면, 《아사히신문》과 《산케이신문》은 동일한 사건을 보도하더라도 각기 관점이 다르기 때문에 내용도 정반대인 경우가 적잖다. 이는 기사를 쓰는 기자의 견해가 각각 다르기 때문이다. 더욱이 상업적인 측면에서 살펴보면, 역시 스폰서 취향의 내용으로 지면을 만들지 않을 수 없기 때문에 그 영향력은 점점 확대되어 간다. 따라서 산케이신문의 독자가 절대 아사히신문을 읽지 않는 상황이 발생하는 것이다.

나는 양쪽 신문을 다 좋아하기 때문에 둘 다 애독하고 있지만, 이런 사람은 드물다. 그러나 곰곰이 생각해보면 극단을 달리는 양쪽 신문의 정보를 모두 체크해 두는 게 여러모로 좋지 않을까 싶다.

한편, 일류 해설자나 사회자는 초대한 게스트가 말문을 열게끔 질문을 던지는 방법에 있어서 독창적인 스타일을 갖고 있다. 인터뷰나 대화는 질문하는 방식에 따라서 게스트의 마음을 편안하게 만들기도 하고, 반대로 입을 꽉 다물게 만들기도 하며, 때로는 노발대발하면서 돌아가게 만들기도 한다.

이런 상황을 항상 염두에 두고 궁금한 것을 제대로 물어야 한다. 게다가 시청자에게는 신선한 정보를 즐겁고 재미있게 전달해야 하기 때문에 인터뷰는 더욱 힘들다. 각각의 게스트에 맞는 질문의 '촉매제'를 선택하는 능력이 바로 유능한 사회자가 되는 지름길이다.

그럼 지금부터 모두 내놓으라 하는 각 텔레비전 방송국의 간판급 사회자의 인터뷰 방식을 살펴보자.

다음에 예를 든 세 사람은 다들 자기 이름을 내건 프로그램이 있다. 게다가 20년, 30년씩이나 지속되고 있는 장수 프로그램을 맡고 있다. 그만큼 그들의 질문방식에는 참고가 될 만한 노하우들이 가득하다.

① 가벼운 질문을 하나둘씩 던지면서 핵심을 파고든다.
② '5W 1H'의 구성으로 명확하고 정갈하게 묻는다.
③ 가식적이지 않은 자신을 그대로 드러낸다.

2 가벼운 질문을 하나둘씩 던지면서 핵심을 파고든다 — '타모리형'

(1) 요즘 뭐하면서 지내시나?

우선 타모리형의 질문방법은 한마디로 말해 '삼각관계 만들기'이다. 이게 무슨 말일까?

예를 들면, 타모리의 프로그램 〈웃어야 좋고말고(후지 텔레비전)〉에서는 먼저 게스트로 나온 사람이 자신의 절친한 동료 연예인을 다음 번의 게스트로 초대하는 형식으로 프로를 이어간다. 거기서 그는 '물꼬를 트는 말'로 "요즘 뭐하면서 지내십니까?"라고 묻는다.

이 말은 그가 반드시 한다고 해도 좋을 만큼 게스트에게 맨 처음에 던지는 질문이다. 사전에 협의가 있었는지 없었는지는 알 길이 없지만, 이 한마디를 던짐으로써 시청자들은 '아, 서로 말을 맞추지 않았구나. 지금 우리가 듣고 있는 이야기는 타모리도 처음 듣는 이야기구나.' 하고 사회자와 눈높이가 같다는 것에 매우 즐거워한다.

'요즘 뭐하면서 지내?'라는 질문은 우리들이 잘 알던 사람을 어디선가 마주쳤을 때 쓰는 말이다. "실은 말이죠. 지금 연극공연을 위해 연습하고 있어요."라고 게스트가 대답한다. 그러면 "어떤 내용이죠?",

---

♧ **타모리** (タモリ); 일본 연예계에서 타모리 군단을 이끌 정도로 영향력과 인기가 높은 사회자이다.

"누구와 공연하나요?", "알고말고요. 요전에 텔레비전에서 광고도 하던데. 그거죠, 그거?" 이렇게 대화가 계속 이어지고 때로는 방청객에게 "여러분도 그 연극 알아요?" 한다. 그러면 "네, 네. 알아요."라는 대답이 방청석에서 우르르 터져 나온다.

이런 가벼운 질문들이 프로그램 끝까지 이어진다. 이 프로그램은 사실 이런 가벼운 질문들이 생명이다. "가벼운 마음으로 방송을 하니까 가벼운 마음으로 채널을 맞춰 주세요. 그리고 가벼운 마음으로 보면 됩니다."라고 타모리는 말한다. 사회를 보는 타모리가 가벼운 마음으로 임하기 때문에 게스트도 가벼운 마음으로 대답한다.

이와 반대로, 사회자가 심각한 얼굴로 딱딱하게 물으면 앞에 앉은 게스트도 '섣불리 농담해선 안 되겠군. 정신차리고 똑바로 대답해야지.'라며 대답을 조심조심하게 될 것이다. 말투의 무거움이 게스트에게도 전달되기 때문이다. 이것은 '거울의 원리'와도 같다.

(2) 요것조것 묻지 말고 압축시켜라

타모리형에서 배워야 할 질문방식은 먼저 상대에게 가벼운 잽을 하나둘씩 날리라는 것이다. '강도가 센 질문을 해서 상대를 녹다운시켜야지.'라든가 '감동할 만한 얘기를 해야지.'와 같은 생각으로 불필요한 것을 묻지 않는다는 것이다.

상대가 신경을 쓰면 아무래도 분위기가 딱딱해진다. 그리고 질문을 심사숙고하게 되면 애드리브(대본에 없는 즉흥적인 대사)가 터져 나오지 않아 재미가 없어진다.

이렇게 되면 이야기의 분위기가 푹 가라앉는다. 대화의 열기가 오르기 위해서는 가볍게 하지 않으면 안 된다. '가벼운 마음으로 묻는 것', 이것이 포인트다. 그것은 비록 이야기의 핵심에서 벗어나더라도 '내가 알 리가 없잖아.'라며 시치미뗄 수 있기 때문에 편리하다.

그런 점에서 타모리형 대화는 돌아다니면서 이야기를 나누는 파티에 안성맞춤인 기술이다. 파티, 특히 돌아다니면서 담소를 나누는 경우에는 일 대 일로만 계속 대화할 수 없다. 가까이 있는 사람이든 멀리 떨어져 있는 사람이든 두루두루 커뮤니케이션을 갖지 않으면 의미가 없다. 때문에 가벼운 잽을 계속 날리는 타모리형 질문이 효과적이다.

두 번째의 포인트는 상대의 근황을 일단 다 듣고 나서 다시 '처음의 화제로 돌아가 파고드는' 것이다. 이때부터는 요것조것 묻지 않는다. 이것 하나만 물어봐도 충분하다는 뜻의 질문방식이다.

상대방이 '이것은 미리 준비한 질문이 아니군.'이라고 느낄 때에 그 질문에 가치가 있다. 항상 그때그때 사정에 따라 일을 처리하고 결과는 운에 맡기는 승부이지만, 거기에는 신선함이 있다.

타모리형의 질문은 일본요리와도 같은 맛이다. 일본요리 중에서도 초밥의 맛이다. 초밥은 재료에 따라서 맛이 달라진다. 마찬가지로 상대의 이야기의 내용에 따라서 재미있기도 하고 시시하기도 한데, 이것이 딱 들어맞으면 이만큼 재미있는 질문방법도 없다.

3. '5W 1H'의 구성으로 명확하고 정갈하게 묻는다 — '구로야나기 데츠코형'

(1) 만전을 기해 물으려면 완벽한 준비부터

구로야나기 데츠코형은 한마디로 말해 '정통적인 NHK적 질문방식'을 취하고 있다. 그녀 자신은 대단한 모험가임에도 불구하고, 최근에는 유감스럽게도 그녀만의 독특함이 점점 빛을 바래가고 있는 건 아닐까 하는 생각이 든다.

예를 들면, 〈데츠코의 방(아사히 텔레비전)〉에서는 '사회자가 이런 걸 묻겠지?' 하고 나라도 짐작할 수 있는 질문들만 그녀가 쏟아내기 때문에 해프닝성 재미를 거의 느끼지 못한다. 원인은 게스트와 사전 협의가 완벽하게 끝났기 때문이 아닐까?

제작진이 입수한 정보를 바탕으로 하다보니, 대담이라기보다는 게스트를 위한 광고 프로그램이라는 색채를 강하게 풍긴다. 더욱이 그녀 자신은 누구보다도 게스트의 근황을 잘 알고 있는데도 시청자들에게 소개할 때는, "……는 어떠십니까?", "최근에 이러이러한 일에 매달려 있다고 하시던데?"라고 묻는다.

♣ **구로야나기 데츠코** (黑柳徹子) : 〈데츠코의 방〉이라는 일일 대담프로그램을 20년 이상 진행하고 있는 여성 사회자. 우리나라에는 『창가의 토토』라는 책의 저자로 잘 알려져 있다.

이런 질문은 이미 그녀가 알고 있는 정보를 다시 한번 덧씌우는 것에 불과하다. 따라서 그녀 자신은 놀랄 만한 게 없다. 뛰어난 배우이기 때문에 그런 것은 얼마든지 연기할 수 있겠지만, 매일매일 하다보면 연기할 기분도 나지 않을 것이다.

그러나 나는 그녀가 훌륭하다고 생각한다. 이런 장수프로그램을 지속하다보면 어쩔 수 없는 일일 것이다. 게스트도 그녀가 이야기를 나누고 싶은 사람만 나오는 것은 아니다. 그렇기 때문에 그녀가 묻고 싶은 이야기가 있어서 초대한 사람인지, 친분이 있어서 그냥 어쩔 수 없이 부른 사람인지 금방 알 수 있다. 이것은 그녀가 질문할 때의 목소리 톤에서 알 수 있다. 자신이 좋아하는 게스트나 근황이 궁금한 게스트가 나왔을 때 그녀의 목소리는 하이 톤인데 반해, 신바람이 나지 않을 때에는 기계적으로 묻고, 기계적으로 고개를 끄덕인다.

그녀의 질문방식은 요리를 만드는 대로 한 가지씩 손님에게 내놓는 '가이세키 요리'처럼 빈틈이 없는 대본에 따라 담백하게 얘기를 이끌어나가기 때문에 안심하고 들을 수 있다. 게다가 열심히 듣기 때문에 심도 있는 내용을 이끌어내기도 한다.

구로야나기 데츠코형 질문방식의 노하우를 사용할 수 있는 곳은 격식을 차린 파티나 맞선, 혹은 거래처에 처음 인사하러 나갔을 때와 같은 매우 공식적인 자리에서다. 신문이나 잡지 기자처럼 '5W 1H'의 구성 (who, what, when, where, why, how)으로 명확하고 정갈하게 묻는 이 질문방식으로 처음 대면하는 상대에게 만전을 기해 물을 수 있다.

4. 가식적이지 않은 자신을
   그대로 드러낸다 — '아카시야 삼마형'

(1) 상대를 'OK' 하게 만드는 비법

아카시야 삼마형의 질문방식은 가장 텔레비전적이고 '브라운운동형'이라 해도 좋을 것이다. 브라운운동이란 분자가 압력을 받거나 열을 받으면 이쪽저쪽으로 부딪혀서 어디로 날아갈지 모르는 현상을 말한다.

삼마 자신도 게스트한테서 무슨 이야기가 튀어나올지 모른다. 게스트 역시 그가 어떻게 돌격해 들어올지 모른다. 감이 전혀 안 잡히는 똑같은 처지에 놓인 두 사람이 대화 중에 서로 부딪혀 가며 화학변화를 일으킨다. 그런데 그것이 엄청난 핵폭발을 일으킨다.

삼마는 게스트와 분장실에서나 나눌 법한 이야기를 연장시켜서 웃음을 자아내는 스타일이다. 더구나 그는 누구와 누구를 부딪히게 하면 어떤 재미있는 변화가 일어나는지를 잘 알고 있다. 때문에 그는 웃음을 자아내는 천재 과학자와 같다. 그러나 그 혼자서는 전혀 재미있지 않다. 누구라도 좋으니 상대가 꼭 있어야 한다.

♣ **아카시야 삼마** (明石家さんま) : 일본의 코미디언 겸 탤런트로서 수많은 고정 방청객을 거느리고 있는 사회자. 시청자 호감도 1위에 올랐다.

삼마형의 질문방식은 무슨 수를 써서라도 게스트로부터 재미있는 애깃거리를 끌어내려고 열심이라는 것이다. 그야말로 사회자의 귀감인 셈이다.

우선 그는 자신이 먼저 '본보기'가 되기로 작정을 하고 바보가 된다. 그런 모습을 게스트에게 보이면서 '여러분 안심하고 자신의 실패담이나 바보 같았던 이야기를 해 주세요. 뒤에는 항상 내가 따를 테니.' 하며 든든한 후원자가 된다.

자기가 먼저 속내를 훌훌 털어놓지 않으면 상대도 이야기해 주지 않는다는 것은 대화의 노하우 중에서도 반드시 필요한 기술이다.

또 한 가지, 삼마형의 특징은 아슬아슬한 상태에까지 상대를 끌어들여 "OK!" 하게 만든 다음 점점 말문을 트게 하는 것이다.

예를 들면, 재미있지 않아도 "그거 재미있네.", "오, 그렇구나. 정말이지 큰 공부가 되었습니다."라며 생긋생긋 웃으면서 사교성을 발휘한다. 이런 소리를 되풀이하면 게스트는 '그렇게도 내 이야기가 재미있나!' 라고 느낀다. 그래서 그 후로는 진짜 마음의 긴장을 풀고서 자기 이야기를 시작한다. 바로 이때 예상치도 못한 재미있는 이야기가 꺼내지는 것이다.

삼마형의 질문방식은 '큰 냄비에 온갖 재료들을 다 넣고 끓인 찌개'와도 같다. 대체 뭐가 들어 있는지 건져내 보지 않으면 모른다. 값은 싸지만 뭐니뭐니해도 영양이 풍부한 영양식이다. 그의 방식은 활기차고 화려하기 때문에 텔레비전에 가장 잘 맞는다. 보고만 있어도 즐겁고 건강해진다. 그야말로 잡탕찌개 그 맛이다.

상대의 두터운 갑옷을 벗겨내기 위해서는 '삼마형'과 같이 질문하지 않으면 성공하지 못한다.

상대방과 친해질 때까지는 먼저 구로야나기 데츠코형의 질문방식이 좋다. 왜냐하면 그녀만큼 겸허한 태도로 다른 사람의 얘기를 듣는 사람도 없기 때문이다. 또한 그녀는 상대에 대한 정부를 정확하게 머리에 입력해 두고서 얘기를 듣는다. 그렇기 때문에 바로 핵심을 찌르는 질문을 할 수 있는 것이다. 상대가 편안하게 이야기할 수 있게 만들기 위해서는 상대가 이야기하고 싶어하는 정보를 모을 수 있는 만큼 최대한 모아야 한다.

타모리형이나 삼마형은 서로 마음을 터놓고 진심으로 사귀는 사이가 된 다음에 나눌 수 있는 대화방식이다.

상대방의 이야기에 잘 호응해 주고, 술술 이야기하게 만드는 사람이라면 어느 조직, 어느 회사에서나 넘버원이라고 해도 과언이 아니다.

5. 상대의 마음을 끌어당기는 '맞장구치기'

(1) '맞장구'를 잘 구분하여 사용하자

타모리, 구로야나기 데츠코, 삼마 이 세 사람은 질문하는 방법이나 말하는 방법이 천하일품이지만, 뭐니뭐니해도 상대가 편안한 마음으로 이야기하게끔 만드는 것은 그들의 듣는 태도가 매우 뛰어나기 때문이다.

나 역시 다른 사람에게 말을 시키려면 어떤 태도를 취해야 하는지를 의식하게 된다. 그리고 의식하는 만큼 내가 지금 상대방의 이야기에 잘 호응해 주면서 편안한 마음으로 이야기할 수 있도록 유도하고 있구나 하는 느낌이 든다.

그렇다면 대체 어떤 것을 의식한단 말인가?

그것은 '맞장구치기'다. 앞에 예를 든 세 명의 사회자도 이런 기술이 대단히 뛰어나다.

"어, 그래요?"라며 말끝을 올리거나 "맞아요, 맞아요."라고 몇 번씩 고개를 끄덕이거나 "그래서, 그래서." 또는 "그런 다음에는?"이라고 묻다가 어느 순간에는 "와~. 대단하군요.", "당신도 참 재미있는 사람이네." 하면서 그때 그때의 느낌을 곧바로 쏟아내는 것이다. 그들의 절묘한 맞장구에 어떤 게스트라도 말하지 않고는 베길 수 없다.

얼마나 맞장구가 중요한가 하면, 맞장구 하나로 먹고사는 직업이 있다. 일본에서는 가장 손님을 많이 끄는 호스테스를 보면 미인도 아니고, 스타일이 좋지도 않다. 그러나 대화로써 매상을 올린다. 그렇다고 청산유수처럼 이야기를 뽑아내는 것도 아니다. 그저 손님의 이야기를 끝까지 잘 들어주면서 손님이 하고 싶은 말을 편안하게 하게끔 유도하는 기술이 뛰어난 것이다.

일본의 국립 국어연구소의 조사에 따르면 대화 속에 포함되는 맞장구는 1분에 평균 15~20번 즉, 3~4초에 한번 꼴이라고 한다. 상당히 빈번하게 맞장구를 치고 있다는 사실을 알 수 있는데, 그 템포는 보통 빠르기로 와이퍼가 움직이는 속도와 같다.

한편, 나는 사람들이 맞장구에 덧붙여 고개를 끄덕이는 모습에도 관심을 갖게 되었다. 그리고 많은 사람들의 행동을 살펴본 결과 다음과 같은 연구결과를 얻어냈다.

① 1번 가볍게 끄덕인다.

"듣고 있습니다. 듣고 있어요. 그러니 이야기를 계속해 주십시오." 라는 뜻이다.

② 2, 3번 가볍게 재빨리 끄덕인다.

"맞아요, 맞아. 그런 일도 있죠."라는 뜻이다.

③ 2, 3번 보통의 속도로 끄덕인다.

"당신의 생각을 잘 알겠습니다. 저도 동감입니다."라는 뜻이다.

④ 크게 1번만 끄덕인다.

"과연 그렇군요. 몰랐습니다. 듣고 보니 그렇군요."라는 뜻이다.

⑤ 크게 1번, 계속해서 2~5회 정도 가볍게 끄덕인다.

"아니, 나는 미처 깨닫지 못했어요. 참 좋은 공부가 되었습니다."
라는 뜻이다.

이야기를 들으면서 고개를 끄덕이는 행위는 나의 마음을 전달하는
의미와 함께 상대방에게 말하고 싶은 동기를 부여하는 역할도 하는
것으로 보인다. 위의 연구결과가 어떠한가? 당신의 경우와도 의외로
잘 맞지 않는가?

'맞장구치기'는 이야기의 윤활유이고, 상대의 말문을 여는 필수품
이다. 상대에게 이야기하게 만드는 최대의 무기라고 해도 좋을 것
이다.
그런데 단순히 "그래요?" 한다거나 "네, 네."라고 말하는 것으로는
충분하지 않다. 한 가지 패턴이라도 얼굴 표정을 풍부하게 하여 변
화를 주고, 고개를 끄덕여 주는 등 민첩하게 반응해야 한다. 이것
이 가장 중요한 포인트다.

(2) '맞장구'가 부정적인 영향을 미치는 경우

말을 하게끔 유도를 잘하는 사람은 상대의 이야기를 가로막지 않고 절묘한 때에 맞장구를 친다. 맞장구는 공감한다는 의사표시이기 때문에 상대에게 "그래, 맞아. 나도 동감이야."라는 메시지를 전달하는 행위이다.

그러나 이런 맞장구도 'TPO' 즉, 시간(Time), 장소(Place), 상황(Occasion)을 제대로 파악해서 사용하지 않으면 돌이킬 수 없는 사태가 벌어지기 때문에 조심해야 한다.

예를 들어, 상사에 대한 불평이나 쓸데없는 한탄조의 말에 맞장구를 치는 것은 어떨까?

> **동료A** "그 제안에 반대합니다. ○○○씨도 마찬가지예요."
>
> **동료B** "네? 그런 말 한 적 없는데요."
>
> **동료A** "맞아, 맞아 하면서 아까 고개를 끄덕였잖아요?"
>
> **동료B** "아니, 듣고만 있었던 건데요. 의견은 전혀 말한 적 없다구요."

이 경우에 동료들에게 B씨는 어떻게 비춰질까? 아마도 우유부단한 사람이라고 인식될 것이다. 이 때문에 맞장구를 적당히 하는 것이라고 가볍게 생각해서는 안 된다. 특히 어떤 사람을 비난하는 대화가 오가는 상황에서는 너무 쉽게 상대의 말에 공감을 표시하거나 동의하지 않는 쪽이 신상에 이롭다.

만약 후배나 동료, 혹은 선배로부터 그런 위험성을 내포한 발언이

나올 때는 호락호락 휘말려서는 안 된다. 그 자리를 슬기롭게 잘 벗어나야 한다. 가령, 동전의 양면처럼 다른 관점에서 의견을 제안해도 좋을 것이다. 그런 사람을 놓고 우유부단하다거나 푼수라고는 말하지 않는다.

후배　"'지금 자네에게 그 일은 무리야.' 라니요? 과장님은 그런 식으로 말씀하지만, 저는 그렇지 않다고 생각해요."

선배　"정말이지 황당하겠군. 이해해, 이해한다구. 그 기분."

후배　"정말이요? 이해되세요? 이 허무한 마음이."

선배　"그럼, 나도 그런 경험이 많았는걸."

후배　"그러세요? 선배님도 과장님한테 질리셨군요. 어떠세요? 우리 같이 과장님의 지시를 거부해 보지 않을래요?"

선배　"뭐라구?"

이런 경우는 하급 병사가 반란을 일으킨 것과도 같은 상태다. 그럼 다음과 같이 위의 상황을 바꿔보자.

후배　"'지금 자네는 무리야.' 라고 과장님은 말씀하지만, 전 그렇지 않다고 생각해요."

선배　"과장님이 말씀하고 싶은 게 그런 의미였을까?"

후배　"그러면요?"

선배　"그러니까, 말야, '자네의 사정으로는 무리야.' 라는 의미일 거야. 그것은 '자네의 능력으로는 무리야.' 라는 의미와는 다른 거야."

후배 "어떻게 달라요?"

선배 "예를 들면, 현재 자네는 새로운 거래처를 세 곳이나 맡고 있고, 다른 곳과 새로 계약을 맺을 수 없지 않나?"

후배 "그렇죠. 솔직히 몸이 둘이라도 모자랄 판이네요. 그럼, 그것 때문인가? 내가 바쁘니까 '현재 자네는 시간을 내는 게 무리야.' 라는 뜻으로 말씀하신 걸까요?"

선배 "그렇지 않을까? 과장님이 좀 직선적이기는 하지만 '사네 능력으로는 무리야."라고 말할 분은 아니지."

후배 "네, 잘 알겠습니다. 이렇게 선배님과 대화를 나누니 마음속에 끼었던 먹구름이 싹 걷히는 것 같네요."

자, 어떤가? 이렇게 이야기하면 후배의 불만도 해소되고, 상사인 과장의 체면도 서게 된다. 무엇보다 팀 안에 불협화음이 일어나지 않아 다행인 것이다. 아무 생각없이 맞장구를 쳐서 팀 안의 부정적인 요인을 증폭시킬 게 아니라, 중재 역할을 담당하여 대화를 긍정적으로 유도함으로써 당신의 능력이 더욱 빛을 발한다.

제 5 장

상대의 본심을 이끌어내고 마음을 사로잡는 질문에 관한 기술

1. 상대의 본심에 다가가는 설득 작전

(1) 누구나 본심을 숨기려는 의도가 있다

사람들이 상대에게 본심을 말하고 싶어하지 않는 이유는 '본심을 들키면 난처한 일이 생긴다.'라고 하는 '불안감'이 밑바탕에 깔려 있기 때문이다. 영업사원의 방문을 싫어하는 이유도 기본적으로는 이런 마음이 있는 것 같다.

눈코 뜰 새 없이 바쁜데 느닷없이 상품을 선전하는 전화가 오면 귀찮은 게 사실이다. 특히 최근에는 새로운 영업방법이 여러 가지로 개발되고 있다.

한번은 우리 집에 다음과 같은 대화로 접근해 온 영업우먼이 있었다. 먼저 처음 걸려온 전화는 아내가 받았다.

영업우먼 "안녕하십니까! 다카시 씨, 계십니까?"

아내 "누구세요?"

영업우먼 "아는 사람입니다. 잠깐 급한 일로 전할 말이 있어서요."

아내 "예, 알겠습니다. 바꿔드리죠."

아내가 내 전화라고 해서 받아보니 별일이 아니었다. 이것이 영업인 것이다. 아무래도 다이아몬드나 귀금속을 파는 영업인 듯했다. 전화로 '다카시'라고 정확히 이름을 대니 아내는 나를 바꿔준 것이다. 이처럼 전화상으로 상대방의 이름을 대면 '내가 아는 사람이던가?' 하는 착각 때문에 쉽게 전화를 끊지 못한다고 한다.

한편, 다이아몬드라면 아내를 설득하는 것이 더 나을 것이다. 더군다나 처음에 전화를 받은 사람은 아내였다. 그렇다면 아내에게 곧바로 제품을 실명하며 영업에 들어가는 쪽이 더 효과적이지 않았을까? 그런데 왜 그 영업우먼은 내 이름까지 들먹거리면서 나를 바꿔달라고 했을까?

이상하게 여긴 나는 그녀의 말을 끝까지 들어보기로 했다.

나	"있죠, 어떻게 나한테 전화한 거죠?"
영업우먼	"명단이 있어서요."
나	(무슨 생각을 하는 걸까? 순순히 말해주다니, 무슨 속셈이지?)
	"그래서 지금 회사에서 전화를 거는 건가요?"
영업우먼	"아뇨, 아파트에 다들 모여서 전화하고 있어요."
나	(바보 아냐? 그렇기는 해도 정직하네.)
	"아, 그래요. 그래서 많이 팔았나요?"
	('별로'라든가 '그다지'라고 말하겠지.)
영업우먼	"신통치 않아요. 팔리지 않아서 큰일이에요."
나	"전화 같은 걸로 팔릴 리가 없잖소?"
영업우먼	"나는 예약만 하는 거예요. 나중에는 전문가가 와서 팔죠."
나	"그렇군요. 약속을 정하는 사원과 실제로 물건을 파는 사원이

나눠져 있군요."

영업우먼 "딩동댕. 맞았어요."

나 "……" (참 바보 아냐, 이 여재!)

아마 이 전화의 주인공은 지나가는 사람들을 붙잡고도 영업을 한다고 덤벼들 것이 뻔하다. 이 영업우먼은 아르바이트 비용에 이끌려서 가벼운 마음으로 이 일을 시작했겠지만, 아직 인건비도 뽑지 못했을 것이다. 이렇게 서툰 사람에게 영업은 녹녹한 일이 아니다. 직업 중에서 가장 어려운 것이 영업직이니까.

(2) 보이지 않는 고객의 본심에 다가가는 방법

영업 수단의 하나로 최근 들어 늘어난 것이 설문지를 만들어 고객에게 접근하는 앙케트 상법이다. "○○에 대해서 의견을 듣고 싶다."며 접근하는 방식이다.

앙케트 방식을 사기나 허술한 영업에 도용하는 사람도 있지만, 이 앙케트 방식을 응용하여 자기 회사만의 훌륭한 영업방법을 개발하고 있는 곳도 적지 않다.

이런 영업 방식이 통하는 것은 '이 앙케트 정도는 응답해 줘도 괜찮겠지.'라고 생각하는 고객이 의외로 많기 때문이다. 일단 앙케트에 응답해 주면 전화나 영업사원의 방문이 이어지기 때문에 귀찮다고 생각하지만, 그런 것만 없으면 응답해 줘도 무관하다고 여기는 것이다. 더욱이 '사은품 증정'이라는 소리를 들으면 어떻게든 그 사은품을 손에 넣으려고 한다. 이게 사람 심리다.

그래서 한 마케팅 회사에서는 앙케트 조사의 일람표에 그런 사항을 체크할 수 있도록 마지막에 새로운 항목을 만들었다.

☐ 영업사원에게 자세한 설명을 듣고 싶다

☐ 실물을 보여주길 원한다

☐ 자세히 나와 있는 팜플렛을 받아보길 원한다

☐ 전화로 설명해 주기를 원한다

☐ 판매 금지

이 앙케트에서 새로운 포인트는 바로 마지막 '판매 금지'라고 하는 항목이다. 이 설문지를 본 고객들은 위의 네 가지 항목에서 어느 하나를 고르거나 마지막의 '판매 금지'라는 항목에 체크를 할 것이다.

그런데 이 마지막 항목을 하나 더 넣기만 해도 앙케트에 응답할 확률이 보통 때보다 5~10배나 증가한다고 한다. 이것은 보이지 않는 고객들의 본심을 살핀 성공적인 예이다. 아이디어가 반짝인다.

이런 앙케트 방식에서도 알 수 있듯이 상대의 본심을 꿰뚫는 것은, 설득을 위한 단서를 얻는 중요한 행위다.

2. '핵심'을 찌르는 테크닉

(1) 추상적인 질문에는 추상적인 대답만 따라온다

여담을 하나 소개하고자 한다.

어느 날 '경영의 신(神)'이라고 불리는 마쓰시타 고노스케씨가 신 간선(일본의 고속전철)에서 어떤 벤처 경영인과 자리를 함께 앉게 되었다. 그 젊은 경영인은 도쿄에서 오사카까지 무려 3시간 동안을 자기 회사가 얼마나 훌륭한지, 또 얼마나 시대의 경향을 먼저 읽는 신경영을 하고 있는지, 이 '경영의 신' 앞에서 득의양양하게 떠들어 댔다.

고노스케씨는 큰 귀를 기울이고 가만히 듣고만 있었다. 그리고 오 사카 역에서 그와 헤어진 다음, 마중 나온 자동차에 올라타자마자 이렇게 말하며 혀를 찼다고 한다.

"그 사람, 나한테 한두 마디 정도는 물어봤으면 좋았으련만. 안타 깝군."

이 말의 뜻이 이해되는가? 그 경영인은 젊은 혈기 탓에 너무 자기 말만 많이 했던 것이다. 인생의 대 선배이자, 더욱이 '경영의 신'으 로 일컬어지는 고노스케씨를 만날 수 있는 기회란 그리 흔한 게 아 니다. 그렇다면 이 기회에 귀를 당나귀보다 더 크게 세우고 그에게 경영의 핵심을 한 마디라도 듣는 것이 더 중요하지 않았을까? 그는 그 소중한 기회를 잃어버린 것이다. 고노스케 자신도 정말 안타깝다고 느꼈기 때문에 무심코 그런 말을 했던 것이다.

겸허한 태도로 물으면 상대는 그 겸허함에 대한 보답으로 무엇이든 가르쳐 주고 싶은 기분이 든다.

나 "최근 어떠세요?"

경쟁자 "어떠냐니 뭐가요?"

나 "아뇨, 일이라든가 영업실적 같은 게 어떠냐구요."

경쟁자 "그거라면 뭐 좋지도 않고, 나쁘지도 않다고 할 수 있죠!"

나 "그러세요? 그렇다면 다행이네요."

경쟁자 "……"(그런 건 물어서 뭐해?)

나 "어때요? 최근 돌아가는 사정은?"

동료 "영 좋지 않아요."

나 "돈 좀 버세요?"

동료 "찔끔찔끔 벌고 있어요."

이런 식의 추상적인 질문들에는 추상적인 대답밖에 돌아오지 않는다. 이런 대화에서는 상대가 호응해 주지 않는다. 구체적으로 대답을 듣고 싶으면 내가 먼저 구체적으로 물어야 한다. 두루뭉실 애매하게 물으면 추상적인 이야기밖에 들을 수 없다.

따라서 처음 대면하는 사람과 대화를 나눌 때에는 '오늘은 이것과 이것을 물어야지.' 하고 확실히 포인트를 조목조목 잡아서 임하는 것이 중요하다.

나는 취재나 인터뷰, 대담을 할 때에 쓸데없는 헛수고를 줄이기 위해 사전에 상대에 관한 정보를 가능한 한 많이 입수하는 것은 물론, 그 정보를 모두 점검하면서 '물어 볼 항목'을 조목조목 적어서 상대방에게 먼저 보낸다. 그러면 상대방은 이 질문항목을 중심으로 자신이 하고 싶은 이야기를 준비해 준다.

그러나 실제로 현장에서는 곧이곧대로 질문하지 않는다. '아, 이거 재미있군.' 하는 부분을 발견하면 그 부분을 집중적으로 파고들면서 묻는다. 이때 내가 재미있어 하기 때문에 상대방도 자신감을 갖고 이야기해 준다.

그렇다면 미리 준비를 해둔 질문항목은 어떻게 되는 걸까? 그것은 어디까지나 리허설용 대본으로 쓰이는 것이다. '아, 그렇군. 이 사람은 이런 얘기가 궁금했던 거로군. 재미있는 장면을 노리고 있었어.' 라고 상대가 느껴 주면 그것으로 만족이다.

(2) '진실을 잘 캐내는 사람' 만이 갖고 있는 감춰진 기술

나는 리크루트의 〈ISIZE STUDY〉라는 인터넷 사이트에 매달 사회의 중심인물을 등장시켜 인터뷰를 하는 코너를 담당하고 있다.

한번은 거기에 소니(SONY)의 고문이 되기 위해 국립대학 교수의

자리를 박차고 나온 나카타니 이와오씨가 등장한 적이 있었다. 그처럼 호기심이 왕성하고 직감을 좋아하며, 새로운 분야에 도전하는 사람은 틀을 깨는 재미있는 사람이다. 그는 경제학자로서도 명성이 높고, 정부의 여러 분야에서 위원을 맡고 있는 논평가이기도 하다.

그러나 내가 그에게서 듣고 싶었던 이야기는 그런 상투적인 일들이 아니었다. 그 역시 그런 질문은 숱하게 받아서 하품이 날 거라고 생각했다.

그럼, 대체 무엇을 듣고 싶었단 말인가? 그것은 바로 그의 인생론이었다.

나는 먼저 그가 지금껏 정말 신물이 날 정도로 받았을 질문사항들 즉, ① 국립대학의 교수직을 버리면서까지 소니의 고문이 되고 싶었던 이유는 무엇인가? ② 20대에는 어떤 비즈니스맨이었나? ③ 왜 경제학자가 되려고 했는가? ④ 학자로서 먹고 살 수 있다고 실감한 것은 언제부터인가? ⑤ 젊은 후배들에게 꼭 전하고 싶은 메시지가 있는가? 이 다섯 가지의 질문을 조목조목 적어서 보냈다.

하지만 인터뷰 당일, 내가 처음으로 제안한 것은 "당신의 인생론에 대해 듣고 싶다."라는 것이었다. 그때 나는 그의 기분을 읽고 있었기 때문에 정석대로 질문하지 않고 갑자기 변화구를 던진 것이다. 아무튼 나의 요구에 그는 "과거는 뒤돌아보지 않는 주의입니다."라고 거침없이 대답했다.

그러나 그 정도 대답이 나올 거라는 걸 나는 이미 예상하고 있었기 때문에 그 대답에 굴하지 않고 상대방을 유인하는 공을 던졌다.

"당신은 본래 닛산자동차의 영업사원이었던 걸로 알고 있는데, 당신에 대해 잘 모르는 사람들은 당신이 순풍에 돛을 단 배처럼 학문의 길만 걸어온 엘리트 경제학자라고 생각하죠. 이 점을 어떻게 생각하십니까?"

그러자 내가 예상한 대로 "맞습니다. 대학교 4학년 때, 병을 앓았기 때문에 취직을 위해 여기저기 뛰어다닐 수가 없었어요. 그때 마침 닛산에 근무하던 선배를 만나……." 하면서 앞서 했던 말을 설명하듯 하나하나 이야기를 짚어나갔다.

그는 자신의 처음 말과는 반대로 지난 과거를 뒤돌아보게 되었지만 '이런 질문은 뜻밖이군.' 하고 생각하면서 과거 이야기를 풀어놨을 것이다. 이런 이야기까지 나오면 그 다음부터는 어려울 게 하나도 없다. 사회자의 의도대로 인터뷰가 척척 진행되기 마련이다.

그는 닛산 미국지사에서 근무할 당시 마케팅과 코스트 다운(cost down : 생산 원가를 내리는 일)에 대한 새로운 제안을 상사에 보고했다. 그러나 상사는 그의 의견에 전혀 귀를 기울이려 하지 않았고 그는 할 수 없이 최고경영진과 직접 담판을 벌였다.

그런데 그의 지적을 받아들여 업무는 개선되었지만, 조직의 체계를 무시했다는 이유로 휴직 처분이 내려졌다. 그는 휴직 상태로 하버드대학의 석사과정에 들어갔다. 거기서 경제학자로서의 인생이 시작되었고, 결국 박사과정에 들어가기 전에 전환점으로 삼기 위해 회사를 그만두었던 것이다.

(3) 대화의 흐름은 갑자기 바뀌지 않는다

나카타니씨의 이야기는 여기서 끝나지 않았다. 그는 얼마 후 회사
와 했던 약속이 마음에 걸려 그 회사에 다시 얼굴을 내밀었다. 그
'마음에 걸리는 약속'이란 이런 것이었다.

"제가 휴직 상태로 대학원에 다닐 수 있었던 것은 회사에서 월급
을 주었기 때문이죠. 그것은 나중에 회사로 돌아가겠다는 약속이 있
었기 때문에 가능했죠. 얼마 후 '만약 회사를 그만두고 싶다면 그때
까지 받은 월급을 전부 회사에 반납하라.'라는 한 통의 통지서가 날
아왔습니다. 당시 나의 상사는 심지가 굳은 사람이었는데, 내가 그
통지서에 대해 말하자 '그 따위 종이 한 장에 인생을 그르치지 말
라.'며 내 눈앞에서 갈기갈기 찢어버리더군요."

그 당시의 체험에서 무엇을 끌어낼 수 있을까? 나는 가만히 이야
기를 듣고 있다가 그에게 가장 듣고 싶었던 말을 물었다.

"나카타니씨, '사는 입에 거미줄 치랴.'는 옛 속담도 있긴 하지만,
경제학자로서 밥 먹고 살 수 있다고 판단한 것은 언제쯤입니까?"

"그건 말이죠. 음…… 적어도 1만 시간 이상은 지속적으로 한 분야
에 매달려야 한다고 봅니다. 무슨 일이든지 1만 시간만 하면 어느 정
도는 돈이 됩니다."

나의 질문에 그는 이렇게 말하는 것이 아닌가! 이런 이야기를 들
은 것만으로도 그 날의 인터뷰는 대 성공이었다.

그와의 대화는 "닛산자동차의 영업사원이었던 걸로 알고 있는
데……"라는 말에서부터 시작되었다. 이처럼 상대에 관한 정보를 될

수 있는 한 많이 모으면 핵심을 찌르는 질문을 할 수도 있고 거기에
서 새로운 이야기를 끌어낼 수도 있다.

♠성공대화 키워드 KEYWORD

"첫 단추를 잘못 채우면 마지막 단추를 채울 수 없다."

괴테의 이 말은 영원한 진리다. 인터뷰를 하든 취재를 하든, 대담
을 하든 대화를 하든, 커뮤니케이션의 본질은 바로 이것이다.

처음에 질문을 잘못하면 이야기가 엉뚱한 방향으로 진행되어 도중
에 바로잡으려 해도 쉬운 일이 아니다. 차를 급히 멈출 수 없는 것
처럼 대화의 흐름도 갑자기 바꿀 수 없다.

3. 정곡을 찔러 상대의 본심을 알아내는 '반문법'

(1) 당신이라면 어떻게 하겠습니까?

어떤 회사가 고문 세무사를 채용하려고 면접을 치렀다. 질문은 "1 + 1은?"이라는 너무 간단한 문제였다. 누구라도 쉽게 풀 수 있는 문제라고 생각했을 텐데 과연 결과는 어떻게 되었을까?

처음의 후보자는 "그야 물론 2입니다."라고 아주 간단히 대답했다. 이 사람은 그 자리에서 불합격 처리되었다.

다음 두 번째 후보자는 "기본적으로는 2이지만, 때로는 1이 되기도 하고 3이 되기도 합니다."라고 대답했다. 산소와 수소를 더하면 물이 되니 1이고, 남자와 여자를 합치면 아이가 태어나니 3이 되기도 한다는 설명도 덧붙였다. 하지만 안타깝게도 채용을 미루기로 했다.

결국 세 번째의 후보자가 채용되었는데, 그는 이렇게 대답했다.

"사장님, 사장님께서는 대체 얼마로 하고 싶으십니까?"

이런 대답은 너무 직선적이라고 생각할 수도 있다. 그러나 사장의 입장에서 보면 이런 사람만큼 의지할 만한 세무사도 없다. 세상은 실제로 이러한 가치관으로 돌아가고 있다.

누군가가 내 본심을 물으면 다시 되돌려서 상대에게 반문해 보자. 뜻밖의 수확이 생기는 경우가 적지 않을 것이다. 핵심을 찌르는 반문에 상대는 두 손 들 수밖에 없다.

예를 들어, 다음과 같은 질문과 대답에서 무엇을 느낄 수 있을까?

기자	"만약 장관에 임명되신다면 어느 부서를 맡고 싶으십니까?"
정치가A	"가정해서 물어보는 질문에는 대답할 수 없습니다."
정치가B	"저 같은 사람은 아직 무리죠."
정치가C	"역시 경제 쪽이 좋겠죠."

'인사(人事)'라고 하는 것은 정치의 세계에서도 그렇고 회사라는 조직사회에서도 그렇고, 어느 세계에서든 입 밖으로 말을 꺼냈다가 무산되는 경우가 많다. 그렇기 때문에 비록 목구멍에까지 말이 올라와도 어떤 언질도 받은 적이 없다며 절대로 입을 열지 않는 것이다.

그렇지만 이따금 정직하다고 해야 할까, 경솔하게 행동하는 사람들이 있다. 앞의 경우에서는 '정치가 C'가 그런 사람이다. C는 후보자 명단에 올랐지만 분명 인선에서 제외될 것이다.

이번에는 다음과 같은 질문과 대답을 눈여겨보자.

기자	"대통령의 관저에서는 의원님이 재무장관에 적격이라고 말했다던데……."
정치가A	"아뇨, 그런 얘기는 전혀 들은 적이 없습니다. 누가 그런 소릴 하던가요?"
정치가B	"그게, 무슨 얘기죠? 생각을 좀 해 봐야겠네요."
정치가C	"그 부분에서 좀더 핵심적인 질문을 해 줄래요?"

처세술이 뛰어난 사람이나 세상물정을 잘 아는 사람은 위의 경우
에서처럼 대답할 것이다. 그런 사람은 상대에게 질문을 받으면 오히
려 상대에게 되묻는다. 이렇게 해서 상황은 나에게 유리하게 돌아가
게 된다.

(2) 질문하는 사람은 질문해 주기를 바라는 사람

이제부터 '반문법의 노하우'를 한 가지 소개하고자 한다. 직장에서
원만한 인간관계를 구축하기 위해서 한번쯤 응용해 볼 수 있을 것이다.

상사 "여름휴가 때 어디 갔었나?"

부하 "과장님은요?"

상사 "응, 가족들 다 같이 하와이에."

부하 "와 굉장히 멋지시네요."

상사 "아니 뭐, 어정쩡한 국내여행보다 훨씬 쌌어. 실은 말일세, 결혼할
때부터 약속했었거든. 언젠가 가족이 생기면 다 같이 여행 가자
고 말야. 마침내 실현된 거지."

부하 "그렇다면 약속을 이행하신 건가요?"

상사 "그렇지. 약속을 지키지 않는다고 아내에게 비난받을 처지였거든."

부하 "모두들 굉장히 기뻐했겠네요."

상사 "그야, 물론이지. 에어컨이 없어도 시원해서 좋긴 좋더구만. 연예

인들이 그토록 가고 싶어하는 이유를 알겠더라구. 하와이 좋으니까, 기회가 생기면 꼭 한번 가보게. 그렇지, 신혼여행 때 가면 되겠군? 총각들은 좋겠어. 앞으로가 기대될 테니."

부하 "듣고 보니 그러네요."

여름휴가를 마치고 돌아와 첫 출근한 아침, "여름휴가 때 어디 갔었나?"라고 부하에게 질문을 던진 상사는, 사실은 자기 이야기를 하고 싶어서 입이 근질근질했던 것이다.

자기가 하고 싶은 말을 오히려 상대에게 물어보는 경우는 일반적인 대화에서 흔하다. 그런데 만약 다음과 같은 경우라면 어떨까?

여성 "여름휴가는 즐거웠나요?"

남성 "물론이죠. 결혼 안 한 친구녀석들끼리 오키나와에 갔었어요. 음식도 맛있고 바다도 아름답고. 뭐니뭐니해도 다이빙이 제일 재미있더군요. 난 다이빙에 푹 빠졌어요. 다이빙은 겨울에도 할 수 있으니까 오키나와에 다시 갈 거예요……."

(이렇게 장황한 이야기를 계속 떠들어댄다.)

여성 "아, 맞다. 일하다말고 나왔지. 이젠 가봐야겠네."

이 남성처럼 눈치 없는 사람들이 상당수 있다. 그들은 타인의 기분을 전혀 헤아릴 줄 모르는 사람이다. 분명 대화 속의 여성도 자신의 여름휴가를 다른 사람에게 자랑하고 싶었을 것이다. 상대가 그것을 물어봐 주었으면 하고 바라면서 그런 화제를 꺼냈는지도 모른다. 그런데 상대는 자기 말만 계속 지껄이고 있는 것이다. 그러니 어떻게 두 사람의 대화가 계속 진행될 수 있겠는가?

상사와 부하간의 커뮤니케이션은 어느 시대나 어렵다. 같은 또래 끼리도 어려운데, 세대가 다르거나 성별이 다르면 한층 더 어려울 것이다.

커뮤니케이션을 원활히 하기 위해서 질문을 받으면 상대에게 그 질문을 다시 던지는, 반문법의 노하우를 익혀두자. 질문하는 사람은 어쩌면 자신에게 질문해 주기를 바라는 사람일지도 모른다. 만일 상대가 순순히 대화에 끼려하지 않는다면 그때 가서 '그렇구나. 단순히 내 근황을 묻고 싶었던 거구나.' 라고 파악한 다음에, 자신에 관한 이야기를 시작해도 늦지 않을 것이다.

4. 입을 꾹 다문 상대의
말문을 여는 '희노애락법'

(1) 일부러 화나게 만들어 본심을 탐색한다

다른 사람의 본심을 알아내는 것만큼 어려운 것도 없다. 어려운 만큼 많은 사람들이 여러 가지 지혜를 짜내고 있다. 그러나 좀처럼 효과적인 방법이 잘 떠오르지 않는다.

인터뷰의 달인이자 평론가인 다하라 소이치로씨는 상대의 본심을 알기 위해 '일부러 화나게 만들어' 본심을 탐색한다고 한다.

사람들은 화가 나면 갑자기 이성을 잃는다. 평소에는 온화한 사람일지라도 일단 화가 나면 급작스럽게 얼굴색이 울그락 불그락 신호등처럼 되어버린다. 아니, 어쩌면 평소에는 온화한 사람이 화가 나면 더 무서운지도 모른다. 온화한 사람은 평소에는 폭발하는 일이 적기 때문에 뜨거운 마그마가 지하의 맨틀에 깊이 침전된 채로 있지만, 한번 폭발하면 마지막 순간까지 그것을 모두 쏟아내야지 폭발이 수그러든다.

사람들은 이성을 잃게 되면 결국은 감정을 그대로 입 밖으로 내뱉는다. 이것은 검사나 형사가 용의자의 입을 열게 할 때 쓰는 수법 그자체다.

사건의 대부분은 자백을 단서로 해서 체포한다. 그런데 어떤 용의

자는 자기가 저지르지 않은 죄를 뒤집어쓰고 중형을 선고받게 될지도 모르는 상황인데도 자신에게 불리한 진술을 하는 경우가 있다. 혹자들은 잘 이해가 안 갈 것이다. 하지만 그것은 취조실에 들어간 적이 없는 사람이기 때문에 그런 말을 하는 것이다. 형사의 분노와 취조실의 압력, 이 두 가지가 엄청난 강도로 용의자를 압박한다. 그래서 하지도 않은 일을 "내가 저질렀습니다."라고 허위자백을 하게 만드는 것이다.

실제의 취조현장은 이럴 것이다.

"네가 그랬지? 솔직히 자백하는 게 신상에 이로울걸?"

이렇게 용의자를 마구 윽박지른다. 구류기간이 지났다면 다른 사건으로 기간을 연장할 수도 있다. 이것을 견딜 수 있는 사람은 극소수다. 결국은 유도하는 대로 자신이 범인이라며 이야기를 지어내게 된다. '누명은 형사와 용의자의 합작'이라고 하는 것도 이 때문일 것이다.

분노의 에너지는 굉장히 강하기 때문에 인간은 화가 나면 자칫 이성마저 잃기 쉽다. '열을 받는다'는 표현이 바로 그러한 상태를 말한다. 앞일을 계산해 가면서 화를 돋구는 사람은 형사나 신문기자 정도겠지만, 아무튼 상대를 화나게 하면 그의 본심을 이끌어낼 수 있다는 것은 사실이다.

기자 "거짓말 좀 하지 마세요. 이런 삼류회사가 그런 신기술을 개발할 리가 만무하잖아요?"

경영자 "정말이라니까요. 조사해 보시라고요. 우리 회사가 개발한 신기술이 내일 특허 정보란에 실릴 테니까!"

기자 "알았어요. 그거 사실이죠?"

경영자 "젠장, 이봐요! 제발 부탁이니 우리 회사 주식 같은 것은 절대로 사지 말아요, 알겠죠? 회사 안에서 다 사들일 테니."

기자 "음……."

이런 경우다. 화를 잘 내는 사람은 주의할 필요가 있다. 이런 사람은 그 세계의 프로의 입장에서 보면 허점이 가득하기 때문에 다루기 쉽다. 봉이 될 게 뻔하다.

(2) 자신을 다 내보일 수 있는 사람이 최후에 강하다

희로애락이라는 인간의 기본적인 감정이 마음을 덮고 있을 때 우리는 까딱하면 본심을 흘리기 쉽다.

복권에 1억 엔이 당첨된 사람이 있었다. 그는 그 사실을 숨기려고 애썼지만 도저히 숨길 수가 없었다. 그러다 결국 술술 다 불어버렸다. 그리고 평화롭던 가정이 그 돈 때문에 무너져 갔다. 이런 경우를 예상하고 조심, 또 조심했지만 그러나 너무 기뻐서 말하지 않고서는 참을 수 없었던 것이다.

나 같은 사람도 어느 날 5만 엔짜리 복권에 맞았을 때 어깨에 힘을 들어가면서 자만해졌다. 그 때문에 "이번 달에는 용돈 없는 줄 알아요."라는 아내의 말을 듣고서야 "이크, 입이 방정이지." 하고 후회를 했다.

마냥 즐거운 기분이 들 때 사람들은 본심이 저절로 다 보인다.

"이렇게 즐거우니 더 이상은 바랄 게 없네. 내 뭐든 다 말해주지!"

이런 상태가 되는 것이다.

그런데 반대의 경우도 있다. 슬픔이 깊으면 깊을수록 자포자기가 되어 "이젠 아무래도 상관없어요."라며 본심을 털어놓게 된다. 비리 사건으로 잡힌 공무원이 체념한 나머지, "그 밖에도 범인이 더 있습니다. 사실은……"이라며 고구마 덩굴 뻗듯이 사건을 확대시키는 경우가 바로 그것이다.

하지만 어중간하게 즐겁거나 화가 나거나 슬프거나 하는 사람은 절대로 본심을 드러내지 않는다. 그렇다면 그런 사람에게는 어떻게 대하면 좋을까?

다음의 경우를 예로 들어보자.

탤런트인 후루다테 이치로(일본에서 각종 스포츠 프로그램의 사회나 중계로 높이 평가를 받은 아나운서 출신의 배우)와 야구 평론가인 에가와 스구루(일본 자이언츠의 에이스 투수로 활약함. 현재는 스포츠캐스터)가 텔레비전 프로그램에서 만났다.

이 날 두 사람은 처음부터 상대의 본심을 이끌어내기 위해 신경전을 벌였는데, 그야말로 투쟁이었다. 그 날의 이슈는 에가와씨가 신혼 당시 부인에게 손찌검을 했다는 소문에 관한 진상을 밝히는 것이었다.

후루다테 "에가와씨, 난 아내와 싸움을 한 뒤에 믿을 것은 역시 잠자리 밖에 없더라구요."

에가와 "(경계하는 표정으로) 저기 말이죠, 여러 매스컴에서 내가 아내를 때린다고 썼던데, 그 일에 대해 이러쿵저러쿵 말을 하는 것은……."

후루다테 "나는 잠자리밖에 믿을 게 없다고까지 말했는데, 회피하실 생각이십니까? 우리 집사람은 이런 얘기를 텔레비전에서 하는 걸 제일 싫어해요. 그야 그렇겠죠. 나는 일부러 그 얘기를 하니까. 다시 한번 말씀드리죠. 우리 집은 바로 잠자리입니다."

후루다테씨가 이런 말을 하니까 점잖은 에가와씨도 웃기 시작했다. 그리고 이내 '사실을 털어 놓을 수밖에 없군.' 하는 표정으로 이렇게 말하고 말았다.

에가와 "옛날에는 이따금 손이 올라갔어요. 그러나 아내는 맞는데 강하다고나 할까, 한번은 오렌지를 맞은 적이 있습니다."

이와 같이 자기 쪽에서 먼저 비밀이라든가 부끄러움을 상대에게 속속들이 드러내놓고 '자, 어떤가. 이래도 말하지 않을 텐가?'라며 상대의 본심에 바싹 다가가 보자. 생각보다 쉽게 입을 꾹 다물었던 상대의 말문이 열릴 것이다.

상대의 본심을 이끌어내고 싶을 때는 희로애락이라는 감정 중 어느 한 가지에 불을 붙이면 된다.

그를 기쁘게 해 주기로 작정했다면 턱이 빠질 정도로 기쁘게 해 주자. 만약 이렇게 해도 상대가 입을 꾹 다문다면, 내 쪽에서 먼저 있는 모습 그대로를 다 보여준다. 부끄러운 부분이나 숨기고 싶은 것까지도 속속들이 드러내면 상대도 어쩔 수 없이 본심을 보이는 순간이 다가올 것이다.

하지만 이때 자신이 이야기하고 싶은 것이나 특기에 대해 너무 오래 주절주절 떠든다면, 상대의 흥이 깨져버리므로 적당히 강약을 조절하는 주의가 필요하다.

5. 난공불락의 상대에게
'실은…'을 이끌어내는 '불안자극법'

(1) 상대의 불안·불만·불신을 자극하라

보험이나 자동차 영업을 하다보면 "벌써 보험에 들었어요.", "난 차가 있어요"라고 단번에 거절당하는 경우가 많다. 당연하다. 요즘 세상에 아무 보험에도 들지 않은 사람이 있을까? 보험에 들지 않은 사람은 무언가 사정이 있는 사람일 것이다. 대부분의 사람들은 어떤 것이든 한두 개쯤 보험상품에 가입해 있다.

이런 고객을 상대할 때는 본심을 이끌어내고 설득으로 매듭을 지어야 하는데, 그러려면 얼마간 그의 불안, 불만, 불신의 감정을 자극해 줄 필요가 있다.

고객 "전 벌써 보험에 들었어요."

영업사원 "예, 알겠습니다. 그런데 손님, 그 보험은 신중하게 생각하셔서 계약을 하신 겁니까?"

고객 "네? 무슨 말씀이세요?"

영업사원 "요즘 같은 세상에는 옛날 계약대로 가면 손해를 봅니다. 그러니까 제가 한 번 계약서를 확인해 드리죠. '이 정도면 안심이네. 손님은 손해를 보지 않겠어.' 라고 확인되면 그대로 유지하시면 됩니다. 그런데 만약 '분명히 이것은 손해야.' 라는 생각이 들면 제가 곧바로 지적해 드리죠. 매달 내야 하는 보험금은 무시할 수 없는 금액이죠. 확인을 한번 받는 것이 돈을 유용하게 쓰는 길입니다."

고객 "그렇군요. 그럼, 계약서만 점검 받으면 되겠군요."

영업사원 "그렇습니다. 제가 점검해 드리죠."

고객 "잘 부탁합니다."

영업사원의 입장에서 보면 이 경우에서처럼 보험 계약서를 보여 준다는 것은 이미 고객의 본심을 얻은 것과 마찬가지다.

우리가 흔히 만나게 되는 자동차 영업도 그렇다. 우수한 영업사원은 아직 차가 없는 사람만을 타깃으로 삼지 않는다. '이미 자기 차가 있는 사람이야말로 새로운 고객이 될 수 있다.' 라고 생각한다.

여기서 상대의 이야기를 끌어낸다고 하는 것은 고객으로부터 "실은……", "그게 말이죠……", "우리끼리니까 하는 말인데요."라는 본심을 이끌어내는 것이다. 그 후부터는 일사천리로 일이 진행된다.

제 6 장

상대를 설득하는 성공 대화술

1. 상대가 자발적으로 'YES' 라고
말하게 하는 사람이 프로다

(1) 사람들은 '암시' 에 약하다

어느 날 춤이나 노래를 전혀 못 하던 사람이 회식자리에서 춤추고 노래하는 놀라운 모습을 보이면 사람들은 얼마나 신기하게 생각할까? 그는 어떻게 그런 변신에 성공했을까?

내가 고문을 맡고 있는 회사의 경영자 중에는 20년 전에 영업실적 넘버원에 올랐던 사람이 있다. 그는 타고난 영업의 천재는 아니었지만, 상사의 한마디를 가슴에 새기면서 부쩍부쩍 성장했다고 한다.

그럼 그에게 상사가 했다는 '격려의 말' 이 대체 어떤 것이었는지 살펴보도록 하자.

상사 "자네는 속으로 영업이 적성에 안 맞는다고 생각하고 있지 않나?"

그 "아니오, 그렇지 않습니다."

상사 "숨기지 말게. 보면 금방 알 수 있다네. 자네의 걸음걸이 그 자체가 '나는 영업사원이 아닙니다. 영업에는 맞지 않습니다.' 라고 말하고 있단 말일세."

그 "그렇게 보입니까?"

상사 "당연하지. 그건 그렇고, 어떤가? 이 업계에서 제일 잘 나가던 내가 '자네는 할 수 있어. 자네는 최고가 될 수 있어.'라고 확신하는 것과, 경험도 실적도 전혀 없는 자네가 스스로 '나는 안 돼. 영업 같은 건 못 해.'라고 생각하는 것 중에서 어느 쪽을 더 신용하겠나?"

<table>
<tr><td>그</td><td>"그야, 부장님 말씀에 믿음이 가죠."</td></tr>
<tr><td>상사</td><td>"정말이지? 그럼, 어째서 그렇게 믿는 건가?"</td></tr>
<tr><td>그</td><td>"왜냐하면 경험도 풍부하고 실적도 뛰어났던 부장님이 그렇게 말씀하시니까⋯⋯."</td></tr>
<tr><td>상사</td><td>"맞네. 자네 말이 맞아. 영업에 있어서는 천재적인 내가 그렇다고 하면 반드시 그렇게 될 수 있는 거야. 그러니 그런 떨떠름한 표정은 짓지 말고 지금부터 열심히 매달려 보라구. 내 장담컨대 자네는 할 수 있어."</td></tr>
</table>

영문도 모른 채 순간 상사에게 설득을 당하고, 그는 다시 영업에 뛰어들었다. 그는 걸으면서 '어쩌면 부장님의 말씀대로 될지도 몰라.'라고 반신반의 하다가 '아냐, 분명히 그렇게 될 거야. 부장님은 거짓말을 안 하시니까. 그 말씀은 즉, 내가 영업에 적합하다는 거야.'라고 점점 기분이 올라갔다. 그리고 급기야 '반드시 실적을 올릴 수 있다고 굳게 믿는 거야.'라며 확신을 갖게 되었다고 한다.

그는 그 '암시'의 영향을 받은 덕분인지, 그 날부터 매일같이 계약이 성사되었다. 하지만 많은 계약 건수를 올렸다고 해도, 영업에 관한 요령을 다 터득한 것은 아니었다. 영업의 기술로 본다면 여전히 마찬가지였다. 그러나 그의 마음가짐이 완전히 바뀌었다. 거기에 비례해서 실적도 확 달라져갔다.

"이상하죠. 자신감이라고는 눈곱만치도 없던 내가 그 한마디를 계기로 실적을 올릴 수 있게 되다니."

일반적으로 상사는 위에서 억누르거나 명령하여 부하를 움직이는 사람이라고 생각한다. 상사에게는 그 쪽이 훨씬 편하다. 그만큼 시간을 들일 필요가 없기 때문에 성질이 급한 상사에게는 딱 맞는다.

그런 상사 밑에서는 '면종복배(面從腹背 : 겉으로는 복종하는 척하면서 속으로는 반대함)'라는 말처럼 정말로 마음속 깊숙한 곳에서부터 '해내고야 말겠어!'라고 힘이 용솟음쳐 올 리가 없다.

그러나 그런 상사의 말만 믿고 있을 수는 없다. 모든 건 '내 마음 먹기'에 따라 달라진다. "나는 할 수 있어."라고 자신에게 '암시'를 주자.

가령 비즈니스에서 '이 회사는 뚫기가 어렵겠어.'라고 생각하면, 상사가 아무리 "반드시 해낼 수 있어. 당연히 해내고 말고."라고 주장해도 될 리가 없다. 하지만 반대로 상사는 '될 리가 없지.'라고 말해도 당사자가 "아냐, 난 할 수 있어!"라고 믿으면 그것은 실현된다. 그만큼 자신의 의지와 생각이 힘을 발휘하게 되는 것이다.

(2) 끝까지 계속 이야기를 이끌어가라

고객한테 거절당하면 "그게 아니다."라며 끈질기게 물고늘어지면서 자신의 생각만을 밀어붙이는 영업사원이 있다. 그는 고객과의 논쟁에서 승리하면 계약이 성사될 거라고 착각하는 것이다.

만약 '거절한 이유를 이해가 잘 되게 설명했으니, 이제 계약만 남았군.' 하고 자신만만해져 있다가는 큰코다친다. 오히려 고객은 '저 사람은 내 얘기를 전혀 이해하지 못하고 있군!' 하고 분개한다.

마지막 결정권은 어디까지나 고객에게 있다. 아무리 영업력이 뛰어난 영업사원이라 해도 고객이 "당신 얼굴이 맘에 들지 않아 사지 않겠어."라는 어처구니없는 이유를 대도 할 수 없다. 그런 의미에서 고객은 절대군주와도 같다.

내가 영업사원일 때 '아, 그래요? 그렇다면 계약을 하죠.'라고 쉽게 일이 풀린 적은 한번도 없었다.

"검토해 보겠네."

"좀 무리이겠는걸."

이러한 답변이 대부분이었다. 하지만 이럴 때 "예, 그러십니까? 할 수 없죠."라며 그대로 돌아오는 사람은 심부름꾼에 불과하다.

"교육의 중요성, 자기개발의 필요성이 높이 인식되고 있다고 봅니다. 뭔가 맘에 들지 않는 부분이라도 있습니까?"

이렇게 고객의 속내를 떠본다.

"어쩌면 개선될 수 있는 방안이 있을지도 모릅니다."

이렇게 고객이 거절한 이유가 진짜 어디에 있는지 구체적으로 밝혀내려고 애써본다. 그러면 상대도 본심을 드러내고 이런 말을 들려줄 것이다.

"사원교육을 담당하고 있는 부서의 책임자로서 소개하고 싶은 것

은 너무 많소. 하지만 당신네 회사만 소개하면 불공평하잖소? 다른
회사에도 소개하지 않겠다고 했는데."

그리고 이런 푸념이나 언질 안에는 고객의 본심이 숨겨져 있다.

당시 내가 영업을 하던 품목은 직장에 필요한 교육도서였다. 한 회
사에서 사원교육 업무를 처리하는 담당자는 선전용 전단지를 부문
별로 메일박스에 필요한 부수만큼 넣었다가 그것을 다시 회수하는
일부터 교육도서의 배포에서 대금회수까지 잡다한 업무가 이어졌다.
한마디로 말해 번거로운 작업이 많았다.

그렇다면 어떻게 해서 담당자에게 "예스."라는 대답을 얻어낼 수
있을까?

(3) 겉마음과 속마음을 적절하게 드러내라

우선은 자기 회사의 제품을 사용하고 있는 다른 회사의 예를 들어
준다. 특히, 그 회사와 라이벌 관계에 있는 회사의 경우에는 자세히
설명한다. 그래도 소용이 없다면 이렇게 해 보자. 상대를 협상에서
최대의 선까지 밀어 넣는 것이다.

나 "교육에는 역시 시간과 수고가 들죠. ○○회사의 △△△ 교육부장
님도 '그래도 사원들을 위한 자기개발의 기회를 기획하고 만드는
것은 교육부의 사명이다.' 라고 말씀하시더군요. 불경기가 계속되

면 교육예산도 빡빡해지죠. 하지만 사원들은 그런 때에도 스스로 공부하려고 하니까, 고마운 일이죠."

거래처 "그도 그러네요."

나 "그런데 사원교육이라는 번잡한 업무를 처리하는 담당자가 얼마나 힘들겠어요? 그래서 저희 회사는 부문별로 자료를 배포할 수 있게 정리해 드리죠. 그것을 사내의 메일박스에 넣어 주시기만 하면 일을 쉽게 처리할 수 있지 않을까요?"

거래처 "그런 방법도 있겠네요. 교육의 중요성은 잘 알고 있지만 일손이 딸려서 못 할 거라 생각했는데, 그 정도는 가능할 것도 같네요."

나 "모쪼록 사원교육을 위해서라도 잘 부탁드립니다."

거래처 "그래서 하겠다고 하는 거죠."

이 접근법은 어디까지나 '대의명분'을 내세우는 점에 포인트가 있다. 상대의 본심은 너무 잘 알고 있지만 서로 기색을 살피게 된다. 대답을 할 때는 성사여부를 결정해서 말을 해야 하므로 절대로 내가 먼저 말을 꺼내서는 안 된다.

여하튼 '대의명분'이라는 겉마음을 전면에 내세우면서 '본심'이라는 속마음을 어떻게 조화롭게 해결할지를 동시에 생각해야 한다. 이 때 겉마음과 속마음을 동시에 양립시켜야 한다. 상대로부터 '예스'를 이끌어내는 것은 결코 쉬운 일이 아니다.

2. 분위기를 바꾸면 설득할 수 있다!

(1) 상대가 이야기하고 싶은 분위기를 만들자

어떤 회사를 방문했을 때의 일이다.

내가 접수처 안내 데스크로 다가가기 훨씬 전부터 그 안내원의 시선은 내 쪽을 향해 있었다. 나는 진작부터 '접수처 모드'로 들어가 있었다. 그 안내원은 이미 눈길로 "어서 오십시오. 아까부터 오실 줄 알고 기다리고 있었습니다."라는 인사를 다 마치고 있었다.

이때 데스크에는 세 명의 접수 안내원이 있었지만, 다른 두 사람은 전혀 내 시야에 들어와 있지 않았다. 줄곧 그 안내원만 바라보았다. 그녀에게 나는 약속이 있는 직원을 불러달라고 했다.

방문객이 쉽게 다가갈 수 있는 안내 데스크는 "어서 오십시오."라는 인사모드를 먼저 보내오는 곳이다.

그러나 대부분은 방문객이 접수처 앞으로 다가오기 전까지는 전혀 모르는 체한다.

"어머, 안녕하세요. 지금 오셨습니까? 전혀 몰랐네요."라는 식으로 방문객을 맞아들인다. 이렇다면 아무리 예쁜 접수원이라 해도 실격이다. 하물며 험상궂은 경비원이 접수처에 턱 버티고 서 있는 회사라면 일찌감치 그 장소를 떠나고 싶어질 것이다.

상대방이 이야기하게 만드는 편안한 분위기라는 것은, 우리의 겉모습에서 나오는 것이 아니라, 상대를 대하는 자세, 태도, 마음가짐에서 나온다는 것을 알아야 한다.

(2) '분위기'로 결정되는 대화의 성공과 실패

이야기하기 편안한 분위기, 이야기하기 껄끄러운 분위기라는 것은 방금 전의 접수처 직원과 마찬가지로, 사실은 말을 걸기 전부터 그곳의 무드나 분위기가 자아내는 '파동'으로 결정되는 경우가 적지 않다. 파동이란 그 장소의 환경, 분위기, 무드 등에서 배어 나오는 현장의 에너지이다. 그것을 우리는 자연스럽게 느끼게 되는 것이다.

예를 들어, 당신이 애인에게 프로포즈를 한다고 하자. 그때 어디서 사랑을 고백할 것인가?

장소에도 에너지가 있다는 사실은 일단 모르더라도, 유명한 프랑스 레스토랑이나 이탈리아 레스토랑, 또는 분위기 좋은 호텔의 바를 예약해서 그 날을 준비하지 않을까? 설마 패밀리 레스토랑이나 분식 가게, 혹은 게임방 같은 곳을 일부러 선택하는 사람은 없을 것이다.

결국 분위기에 따라서 이야기하기 쉬운 장소, 껄끄러운 장소가 있다는 것이다. 바꿔 말하면 이야기를 하기 위한 에너지가 약한 장소, 에너지가 강한 장소가 있다. '여성들은 분위기에 약하다.' 라는 말이 있는데, 그것은 이성(理性)이 약해서 정신적으로 동요한다는 뜻이 아니라, 파동을 느끼는 능력이 높다는 뜻이다.

　재미있는 것은 연못에 돌을 던지면 파문이 퍼져나가는 것처럼 그런 대화의 분위기나 에너지가 주변으로 계속해서 전염되어 간다는 것이다. 이를테면, 결혼식에 참석했던 여성들이 갑자기 '결혼하고 싶은 마음'이 드는 것은 그야말로 전형적인 경우다. 피로연에서 남녀가 친해져 결혼에 골인하는 커플이 많은 것도 이런 분위기를 탄 결과다.

3. 중요한 교섭에서는
'자신의 무대'를 이용하라

(1) 내가 편한 장소가 상대도 편한 법!

"여기에 오면 왠지 모두들 본심을 털어놓는 것 같아."라고 말들 하는 곳이 바로 이야기하기 편안한 에너지를 발산하는 장소다.

만약 거래처 사람들을 접대한다면 당신은 어떤 장소를 선택하겠는 가? 고급 요정인가 그렇지 않으면 체인점 술집인가?

접대를 받는 쪽은 자신이 어떤 접대를 받느냐에 따라서 자신에게 무엇을 요구하는지 알 수 있다. 덧붙여 자신을 어느 정도로까지 평 가하는지도 추측할 수 있다.

만약 내가 "이번에 자리를 마련하고 싶은데요."라는 권유를 받고, 포장마차나 체인점 술집으로 안내를 받는다면 '일은 다 잊고 한잔 마시고 싶은 거구나.' 라고 이해할 것이다.

반면에 고급요정이나 비싼 요리집으로 안내를 받으면 '아이구, 이 거 큰일이군. 예스라고 하지 않으면 안될 것 같아.' 라며 압박감을 느 낄 것이다. 이때에는 가게에 들어가도 불편하기 때문에 이쪽저쪽 두 리번거리게 된다. 인간의 심리 상태는 금방 태도로 드러내기 마련이 니까.

나 같은 사람도 좀 예쁜 마담이 있는 술집이 좋다. 그런 곳에서는

"뭐든지 들어줄 테니 말해보세요."라며 거의 조건 반사적으로 대답해 버릴 정도다. 그런데 접대하는 쪽이 그러한 고급술집에 익숙해져 있지 않으면 손님과 마찬가지로 여기저기 두리번거리게 된다. 그러면 압박감을 느끼기 때문에 대화가 원활히 이루어지지 않는다. 따라서 이런 점은 항상 주의해야 한다.

가장 좋은 방법은 자신이 자주 들르는 장소로 안내하는 것이다. 자주 가는 곳이기 때문에 무엇이 맛있는지도 잘 알고 있다.

나	"○○○씨, 여기는 생선 맛이 끝내주는 곳이랍니다."
접대받는 쪽	"그래요? 생선은 역시 동해산이죠."
나	"맞아요. 자, 한잔합시다."
접대받는 쪽	"아이구, 고맙습니다."

이런 대화가 오고갈 정도면 상대가 흉금을 털어놓을 게 뻔하다.

(2) 상대가 흉금을 터놓고 말할 수 있는 장소

일단 알코올이 들어가야 흉금을 털어놓을 수 있다고 착각하는 사람이 있는데, 사실은 그렇지도 않다.

정치가가 밀실정치니 요정정치니 하는 야유를 받으면서도 지금도 그런 곳을 이용하는 까닭은 술을 함께 나누면서 서로 탁 터놓고 이야기하기 위해서만은 아니다. 정당의 회의실이나 응접실과 같은 장소는 너무나 형식적인 자리이기 때문에 딱딱하고 고지식한 의논밖에 할 수 없다. 이해관계가 얽히고 설킨 절충은 아무래도 거북하고 어려워서 갑갑해진다.

그렇기 때문에 이런 분위기를 누그러트릴 에너지가 있는 장소를 찾다보니, 요정이나 밀실을 이용하게 되는 것이다.

그러나 이곳에서 술을 마시거나 상다리가 휘도록 차려진 호사스런 요리에 입맛을 다시는 것은 나중 문제다. 중요한 교섭에서 술과 음식을 바라보면서 대화한다는 것 자체가 적잖이 이점이 많다. 아니, 어쩌면 중요한 사교의 장이 될 수도 있다.

그 이유는 술과 음식을 함께 먹다보면 상대가 어떤 식사습관이 있는지, 어떤 식으로 술을 마시는지를 눈앞에서 직접 볼 수 있기 때문에 그의 인격이나 성격을 파악하기 쉬워진다. 술이나 음식이 놓인 자리에서 오고가는 대화는 사무실에서 이루어지는 것과는 내용이 싹 달라진다. 좀더 인간다운 면이 드러난다.

예를 들어, 음식 취향을 보면 좋아하는 요리가 무엇이냐에 따라 어느 정도 그 사람의 가정교육이나 인간성까지 미루어 짐작할 수 있기 때문에 재미있다.

접대받는 쪽	"이 감자 크로켓 정말 맛있네."
나	"그러십니까? 어릴 적에 먹던 맛이 그리우신가보군요."
접대받는 쪽	"그래요. 제 고향은 감자가 많이 나는 지방이거든요."
나	"그렇습니까? 서울 출신이라고 생각했었는데."
접대받는 쪽	"그렇지가 않아요. 막걸리와 동치미를 무척 좋아하는 전

형적인 시골사람인걸요."

"그래서 도시 출신들과는 달리 인내심이 강하셨군요."

"그렇게 봐주시니 고맙습니다. 앞으로도 최선을 다해 일할 생각이니 잘 부탁드립니다."

위의 경우는 아주 자질구레한 사항 즉, 감자크로켓을 좋아하는 음식 취향을 통해 상대의 성격까지도 미루어 짐작할 수 있었다.

만약 사무실에서 "어디 출신이세요?"라고 물었다면, "왜요? 제가 사투리를 쓰는 게 이상한가요?" 혹은 "왜 그런 질문을 하세요?", "다 알면서 뭘 그래요? 더 이상은 얘기하지 않겠어요." 하고 냉랭한 분위기로 흐르기 십상이다.

사무실에서는 앞서 말한 'TPO(시간, 장소, 상황)'을 잘 파악하지 못하면 매우 우려할 만한 사태가 벌어지기도 한다. 그렇지만 술을 마시는 자리에서는 커뮤니케이션이 자연스럽게 이루어지고, 물어보기 난처한 질문도 의외로 상대에게 직접적으로 물어볼 수가 있어서 좋다.

(3) 물리적인 거리와 의식적인 거리의 차이

알코올이 들어갔기 때문에 흉금을 털어놓는 것은 아니다. 알코올이 들어갔을 때는 상대의 인간적 측면을 엿볼 수 있는 기회가 많아

지기 때문에, 자연스럽게 흉금을 털어놓을 수 있는 것이다.

인간적인 측면을 알면 알수록 호의를 느끼게 되므로 상대와 격의 없이 지내고 싶으면, 사무실에서 백 번 교섭하는 것보다 한 번 술을 같이 마시는 것이 효과적인지 모른다.

이것은 상사와 부하의 커뮤니케이션에서도 마찬가지다.

"아뇨, 그런 건 불가능합니다. 요즘 젊은 사람들은 술도 마시지 않고, 우리들의 얘기 따위는 들으려 하지도 않아요."

이렇게 말하는 상사는 뭔가 착각하고 있는 것이다. 오히려 그들이 먼저 대화를 나누고 싶어하지 않을까? 만약 부하직원들이 술을 함께 마시기를 원하지 않는다면 그것은 알코올을 싫어해서가 아니다. 그들은 아마도 이렇게 말할 것이다.

"부장님과 술자리를 같이 하면 온통 회사 얘기만 잔뜩 해요. 업무가 끝나서까지 그런 얘기를 하고 싶지 않아요."

부하직원들과 이야기를 자주 나누는 것은 상사에게 이점이 더 많다. 대화를 하는 동안에 그들의 사고방식도 알 수 있고, 직장의 문제점이나 업무의 과제에 대해서도 파악하게 된다. 다른 부분에 관한 이야기라도 그 부하의 주위에서 무엇이 진행되고 있으며 어떤 일이 벌어지고 있는지 등도 파악하게 된다. 그러니 자연스럽게 서로 가까워질 수밖에 없다. 이것이 바로 숙지성의 법칙이다.

▷ 숙지성의 법칙 ◁

① 사람은 모르는 상대에 대해서는 공격적, 냉담적, 비판적이다.

② 사람은 상대를 만나면 만날수록 좋아진다(단순접촉의 원리).
③ 사람은 상대의 인간적인 측면을 알았을 때, 더욱 호의를 느낀다.

나에게 한번은 이런 일이 있었다.

같은 부서에 후배가 있었는데, 그는 가장 큰 시장에 도전하고 싶다며 전근을 원했다. 그러나 팀장은 그가 신혼이라는 개인사정을 고려하여 전근을 보류하였다. 다시 말해 서로간에 커뮤니케이션이 잘 통하지 않았던 것이다.

그들은 걸음걸이로 불과 3미터 정도 떨어진 거리에 있었지만, 의식의 거리 차이는 놀라울 만큼 멀었다. 그래서 양쪽의 사정을 잘 알고 있는 내가 중간에 끼어서 전근을 하도록 도와주었다.

사람들끼리의 오해나 착각도 거기서 나온다. 커뮤니케이션만 갖으면 그런 차이를 메울 수 있는데도 불과 3미터라는 물리적 거리를 좁히지 못한다. 그래서 비극이 시작되는 것이다.

어떤 의미에서 상사에게 중요한 것은, 일 그 자체보다 프라이버시다. 만약 지금까지 업무가 끝나고 나서 누군가로부터 면담 요청을 받은 적이 없다면 곰곰이 자신을 생각해 보는 게 좋다. 당신에게 사람들이 다가오지 못하게 만드는 그 무언가가 있는지, 아니면 상대에게 '이 사람은 믿고 따를 수가 없어.' 라고 생각하게 만드는 건지, 여하튼 어느 쪽인가에 분명 이유가 있을 것이다.

"나는 그렇게 한가롭게 희희낙락거릴 시간이 없어."라며 거절해서는 안 된다. 뭐든지 듣겠다는 태도로 기다리는 것이 중요하다. 그렇지 않으면 "저 사람은 냉담한 사람이다."라는 소문이 사내에 퍼지게 되고, 그 누구로부터도 어떤 정보도 들어오지 않게 된다.

4. ‘거절하는 말’에서 설득을 위한 실마리를 찾는다

(1) 말 붙일 엄두도 낼 수 없는 ‘No’에 어떻게 대응할 것인가

“시간이 없어요.”

“알았어요, 생각해 보죠.”

“그럼, 검토해 보죠.”

이런 말들은 일반적으로 영업사원과 고객과의 사이에서 펼쳐지는 협상에서 전부 거절을 뜻하는 의사표시다. 그런데 이 ‘거절하는 말’의 의미를 다시 한번 되새겨 볼 필요가 있다. 특히 “생각해 보죠.”라고 하는 말에는 주의가 필요하다.

이런 경우를 생각해 보자. 이 말을 곧이곧대로 받아들여, 다음 날 다시 고객을 찾아간 영업사원이 있었다.

고객 “생각해 보겠다고 했지 않소?”

영업사원 “네, 그래서 밤새 생각해 보셨을 것 같아서 다시 찾아온 건데요.”

고객 “당신 바보 아냐!”

회사로 돌아온 이 영업사원은 그 날 거래처로부터 똑같이 “다시 생각해 보겠다."는 소리를 들었다. 그러자 그는 먼저 고객과의 대화에서 '이 말은 거절한다는 뜻이야.' 라고 머리에 깊이 입력된 탓인지, 그 거래처를 다시 방문하지 않았다.

그런데 이번에는 담당자가 정말로 자기가 한 말을 심사숙고하여 마침내 '예스' 결정을 내리고 있었다. 그러나 한번 데인 영업사원은 감감무소식이었다.

"그 사람 영업을 하겠다는 거야, 말겠다는 거야?"

그 담당자는 다른 회사로 거래처를 바꿔버렸다.

이처럼 말이란 문맥 속에서 판단하지 않으면 진정한 의미를 파악할 수 없는 경우가 있다. 영업에서 '거절'은 항상 그림자처럼 따라붙는 것이지만, 고객이 하는 "필요 없어요."라는 말에는 여러 가지 의미가 포함되어 있다. 중요한 것은 상황에 따라 필요 없다는 말의 의미를 정확히 이해하는 것이다.

▷ 거절하는 말과 상황에 맞게 대처하는 말 ◁

당신이 영업에서 만난 고객들은 항상 "필요 없어요."라는 대답말고도 다른 여러 가지 표현으로 제안을 거절하고 있다. 고객에게는 그들의 사정이란 게 있기 마련이다. 그것을 깨닫지 못하기 때문에 팔지 못하는 것이다.

우선은 고객이 거절하는 진짜 이유를 파악할 것. 그것이 가능해지면 영업은 한 걸음 앞으로 나가게 된다.

① 시간이 없어요

고객 "지금 바빠서 설명을 듣고 있을 시간이 없어요."

영업사원 "그렇다면 시간을 다시 내겠습니다. 내일이나 모레 중에서 언제가 편하신가요?"

② 가격이 비싸요

고객 "비싸네요. 아직 월급을 못 타서 지금 갖고 있는 돈이 없어요."

영업사원 "카드, 대출, 뭐든지 다 받습니다."

③ 상품에 관심이 없어요

고객 "그 상품에는 관심이 없어요."

영업사원 "그럼, 이쪽 상품은 어떠세요?"

④ 일하는 데 바빠요

고객 "일손도 턱없이 부족한데 방해하지 말아 주세요."

영업사원 "그치만 이게 이득이 큽니다. 제 말씀을 듣고 선택하신다면 기대 이상의 가치가 있어요."

⑤ 상품이 맘에 안 들어요

고객 "이것을 어떻게 사용할 수 있겠어요? 별로 안 좋은 것 같아요."

영업사원 "어디를 어떻게 고치면 좋을지 지적해 주세요. 고치겠습니다. 개선할 테니 부디 꼭 한번 써 보십시오."

(2) 고객의 사소한 말투를 감지하라

실적이 뛰어난 영업사원의 공통점은 직감이 뛰어나다는 것이다.

'이 회사는 고정 거래처가 될 것 같아.' 라든가 '이 사람은 물건을 도저히 살 것 같지가 않군.' 이라고 뛰어난 직감을 이용하여 상대를 먼저 감지하게 된다. '영업경험 ○○년' 이라는 경력은 단순한 허울만은 아니다. 그들은 고객의 사소한 말투에서 감을 잡는다.

예를 들어, 상담 도중에 고객이 "네, 네." 하며 이야기를 잘 듣는 것 같지만 다리를 떨거나, 두리번거리거나, 담뱃갑을 손가락으로 톡톡 치기 시작하면 '아, 이젠 지루한 거군. 빨리 결론으로 들어가야겠어.' 하고 상대의 본심을 꿰뚫을 줄 안다.

하지만 실적이 나쁜 영업사원일수록 이런 점은 전혀 눈치채지 못하고, 장황하게 말을 늘어놓기 때문에 고객의 믿음을 잃는 것이다.

▷ 비즈니스에서 힌트가 되는 말 ◁

고객에게 이런 말들을 얼마나 이끌어낼 수 있을지, 그리고 이런 말들을 민감하게 감지하고 파악하여 설득으로 연결시켜 가는 것이 성공의 여부를 결정짓는 일이다.

① 이것도 ○○라고 하는 기능이 딸린 거죠?

이 말은 라이벌 기업이 이미 방문했었다는 뜻이다. '~도' 라고 말하는 것은 다른 회사 제품의 설명을 들었다는 증거다.

② 그쪽에서는 얼마나 깎아줄 수 있죠?

이 말도 마찬가지다. 이런 때는 넌지시 다른 회사의 제품보다 얼마나 장점이 있는지, 특징을 강조하지 않으면 안 된다.

③ 비싸네요

이 말은 "비싸지만 사고 싶다."라는 의미가 크다. 뒷일은 값을 깎는 흥정만 남은 것이다.

④ 이것뿐인가요?

"이것으론 만족하지 못해요."라는 의미다. 설명이 다 끝났을 때에 상대가 이런 말을 한다면 납득하고 있지 못하다는 것을 의미한다.

⑤ 지금은 괜찮은데요 또는, 없어도 충분해요

"상품은 다르지만, 다른 것을 쓰고 있다."라는 의미로 볼 수 있다.

따라서 지금 사용중인 상품의 수명을 확인한다. "지금 뭘 쓰고 계십니까?"라고 일단 물어본다. 그리고 신상품을 들여놓는 것이 비용적으로나 생산적으로 볼 때 얼마만큼 이득이 있는지를 강조한다.

⑥ 남편(아내)과 의논해봐야 해요

이 말 속에는 "나는 좋다. 그러니 당신이 남편을 설득해 봐라."라고 하는 의미가 깔려 있다.

5. 끊어지는 대화로는
설득에까지 이를 수 없다

(1) 폐쇄적인 커뮤니케이션이란

상대에게 편안하게 말하게 하고, 상대를 설득시키는 대화술에서 가장 중요한 것은 맨 처음의 작은 덩어리와 같은 말을 얼마만큼 크게 키울 수 있느냐는 것이다. 그것을 위한 중요한 일은 '폐쇄적인 커뮤니케이션'이 되지 않도록 하는 것이다.

예를 들어, 다음과 같은 경우를 살펴보자.

나 "안녕하세요?"

상대방 "안녕하세요! 어떻게 지내셨어요?"

나 "덥군요."

상대방 "정말로 그러네요. 한줄기 빗방울이라도 내렸으면 좋겠는데."

나 "외출하십니까?"

상대방 "네, 잠깐 어디 좀 다녀오려구요."

나 "돈 좀 버셨어요?"

"안녕하세요?"라는 인사는 형식적인 표현이다. 이런 형식적인 인사에 대한 대답도 역시 틀에 박힌 상투적인 말이 온다. 이러한 질문에는 이러이러한 대답을 할 거라는 게 거의 정해져 있다. 이것을 산수에 비유한다면 '1 : 1 대응'이라는 것이다. 이와 같은 방법으로는 이야기가 진척되지 않는다. 왜 진척이 없는 걸까?

폐쇄적인 커뮤니케이션은 이미 고정적이고 정형화된 대화이기 때문에 달리 새로운 화제를 끌어들일 수 없는 것이다.

예를 들어, "당신은 남자입니까, 여자입니까?" 또는 "자동차 면허는 있습니까, 없습니까?"와 같이 양자택일을 할 수밖에 없는 커뮤니케이션을 생각해 보자. 이런 경우는 커뮤니케이션을 하고 싶어도 대화의 범위가 압축되어 버렸기 때문에 이야기의 봇물이 터진다는 것은 기대할 수 없다.

다만, 앞서 말했듯이 첫 대면하는 상대에게는 대화의 계기를 만들기 위해서 이런 양자택일의 커뮤니케이션을 활용해야 한다. 대답은 이미 결정되어 있기 때문에 얼굴 한번 본 적이 없는 상대에게도 쉽게 대답할 수 있어 심리적인 압박을 주지 않는다.

(2) '대화의 고리'를 싹둑 잘라버리는 한마디

> **나** "덥네, 어째서 이렇게 덥지?"
>
> **동료** "여름이니까 당연하지!"

그렇게 간단히 물으니 당연히 이렇게 대답을 하는 것이다. 이것은
1 : 1 대응은커녕, "네가 그렇게 말하면 나도 할말이 없지."라고 생각
할 수밖에 없다.

이 경우 말하는 사람이 전달하고 싶었던 것은 더위가 아니라 "안
녕?" 또는 "잘 있었어?"와 같은 인사를 나누고픈 마음이었을 것이다.
일상적인 인사를 건네면서 상대의 마음을 열어보겠다는 메시지를
보내고 있는 것이다.

하지만 마음은 '개방적인 커뮤니케이션'을 하고 싶은데 입으로는
'폐쇄적인 커뮤니케이션'이 불쑥 튀어나온다면 상대는 입을 다물 수
밖에 없다.

⊙ 나쁜 경우

> **손님** "작은 숟가락 있습니까?"
>
> **점원** "네."
>
> **손님** "……!?"

이런 대답도 폐쇄적인 커뮤니케이션이다. 이런 식으로는 대화가 성

립되지 않는다. 단순한 1:1 대응으로는 그 다음 말이 이어지지 않는다. 그렇다면 어떻게 해야 할까? 다음과 같이 하는 것이 바람직하다.

⊙ 개선된 경우

손님 "작은 숟가락 있습니까?"
점원 "네, 알겠습니다. 잠시만 기다려 주십시오. 지금 가져오겠습니다."
손님 "고맙습니다."

이런 대답이 이루어지지 않으면 대화 자체가 성립되지 않는다. 그러나 "나는 그렇게 눈치 없는 말을 하지는 않아요."라고 말하는 사람이 많음에도 불구하고, 의외로 상대의 말을 끊어버리는 대답을 하는 경우가 많다. 다만 자신이 깨닫지 못하고 있을 뿐이다.

그럼, 다음과 같은 경우는 어떠한가?

영업사원 "이 상품 최고예요. 싸게 해드릴 테니 안 사시겠어요?"
손님 "안 사요."

이건 잘못된 1 : 1 대응의 전형이다. "안 사시겠어요?"라고 물었기 때문에 "안 사요."라고 대답하는 것이다. 이것은 영업사원들이 자칫 범하기 쉬운 잘못이다. 당신은 어떠한가? 잔소리 같지만, '예스'나 '노'로 끝나는 대화만으로는 커뮤니케이션이 이루어지지 않는다는 사실을 명심하자.

(3) 실적 없는 영업사원과 실적 높은 영업사원의 차이

구체적인 경우를 예로 들어보자. 생명보험 회사의 영업사원과 고객이 나누는 대화를 살펴 보자.

⊙ 나쁜 경우

고객 "생명보험을 해약하고 싶은데요."

영업사원 "네? 왜 그러시는데요?"

고객 "불경기인데다 저축도 거의 바닥이 나서 매달 보험료를 낼 수가 없어요. 소도 비빌 언덕이 있어야 하지 않습니까?"

영업사원 "그러세요…… 네, 알겠습니다."

(보험료를 낼 수 없다니 어쩔 수 없지.)

이 영업사원은 회사로 돌아와 상사에게 고객과 나누었던 상담에 대해 주절주절 설명했다.

"돈이 없으니 보험료를 내라는 건 무리입니다. 그래서 해약하기로 했습니다. 그쪽이 조금이라도 남는 장사죠. 지금이 딱 좋은 시기일지도 모릅니다."

그러나 과연 그의 이야기를 듣고 나서 상사가 잘했다고 칭찬할까? 내가 상사라면 그 영업사원에게 이렇게 요구했을 것이다.

"자네는 섣부른 친절을 보인 것 같네. 고객의 미래를 생각하고 내린 결정인가? 단기적인 시점에서 보험상품을 판단하면 서로 실수를

하게 되지. 그러니 다시 한번 이 보험의 본질을 이야기하고 설득했
어야 하지 않을까?"

⊙ 개선된 경우

고객 "불경기인데다 저축도 거의 바닥이 나서 매달 보험료를 낼 수
가 없어요. 소도 비빌 언덕이 있어야 하지 않습니까?"

영업사원 "그러세요…… 유감이네요. 매달 보험료가 1만 엔씩이죠? 저희
회사의 상품은 적은 보험료로도 혹시 모를 사태가 발생하면
막대한 보상금을 받을 수 있는 제도입니다. 해약은 언제든지
가능하지만, 다시 한번 보험료와 보상 비율을 고려해보시는
것은 어떨까요? 제가 생각해보건대 아무래도 ○○○ 고객님께
서는 오해하고 계신 게 아닌가 싶습니다. 다시 한번만 설명을
드려도 될까요?"

고객 "좋아요. 그럼 한 번뿐이에요."

영업사원 "○○○ 고객님께서 보험을 드신 가장 큰 목적은 무엇입니까?
다시 한번 저와 살펴보도록 하죠."

고객 "그건 말이죠, 혹시 모를 경우에도 가족이 충분한 생활을 할
수 있게 해 주기 위함이죠."

영업사원 "맞습니다. 그렇다면 저축형보다 현재 가입된 기한 내에는
높은 보상이 보장되는 이 보험이 최고지요. ○○○ 고객님,
누구에게나 예측할 수 없는 일이란 게 있지 않습니까?"

고객 "그야, 그렇죠."

영업사원 "그럴 리는 없겠지만, 해약하자마자 사고를 당했다면 어떻게 될까요? 그거야말로 지금까지 납부한 보험료가 백지가 되는 거 아닙니까?"

고객 "그렇겠죠. 하지만, 보험이 왠지 쓸데없는 게 아닐까 하는 생각이 들어서요."

영업사원 "보험은 쓸데없는 게 아닙니다. 보험은 안심을 보장하는 안전한 구역이지요. 이 안심을 보장하는 보험은 고객님뿐만 아니라, 가족 모두를 보호하기 위한 것입니다. 그렇게 생각하지 않으세요?"

고객 "듣고 보니 그렇군요. 보험을 계속 해야겠죠? 다른 데서 절약하면 되겠죠, 뭐."

영업사원 "건방진 소리 같지만, 그러는 것이 훨씬 현명하다고 봅니다."

위의 경우는 맹렬한 영업력을 바탕으로 영업사원이 고객을 무작정 밀어붙이는 상황이 아니다.

영업사원은 질문을 던지는 것에 불과하다. 게다가 그것이 '예스' 아니면 '노'로 대답하게 만드는 질문도 아니다. 만약 '모 아니면 도'라는 생각으로 영업사원이 자신의 목적대로 고객을 움직이려 한다면 그것은 유도심문인 것이다. 그러나 이 경우에는 고객이 스스로 생각하고, 스스로 판단하여 대답하고 있다.

영업사원 "당신에게 가장 중요한 것은 무엇인가요?"

"맞아요. 현재의 생활비가 아니라, 혹시 모를 경우에 대비할 경비와 장래의 생활비가 문제죠."

마침내 고객은 가장 중요한 점을 깨달았다. 돈에 쪼들리면 사람은 당장 돈을 변통할 수 있는 것에만 신경을 쓰기 때문에 본질적인 것, 장래에 가장 중요한 것을 수포로 만들어버린다.

따라서 고객이 처한 상황을 살피기 위해서라도, 그리고 결과적으로 그를 설득하기 위해서라도 상대에게 말하게 만드는 것이 중요하다.

6. 까다로운 상대를 물리치는 단계적 교섭술

(1) 약속을 잡으려면 윗사람부터 공략하라

영업사원에게 가장 괴로운 날은 언제일까?

동료들은 모두 책임량을 달성했는데 자기 혼자만 성과를 올리지 못하는 날일까? 아니면 비가 내리는 아침 무거운 가방을 안고서 밖으로 영업을 나가야 하는 날일까?

그들에게 가장 괴로운 날은 약속이 전혀 잡히지 않는 날이다.

나도 오래 전에 그런 상황을 경험해 본 적이 있다.

동료들은 모두들 "다녀오겠습니다."라며 힘차게 문을 나서는데, 나만 사무실에 남아서 처량한 모습을 하고 있는 꼬락서니란 완전히 패잔병의 모습 그 자체였다. 거짓말이라도 좋으니까 "다녀오겠습니다." 하고 나가고 싶었다. 그래서 누구라도 좋으니 전화로 약속을 만들어주면 좋을 텐데 하고 생각한 적이 한두 번이 아니었다.

영업사원에게 약속이 없으면 물 밖을 벗어난 물고기나 다름없다. 실적이 올라갈 리가 없다. 그렇다고 해서 아무런 계획도 없이 발길 닿는 대로 덤벼들자니 너무 효율적이지 못했다.

그래서 나는 약속을 잡는 요령에 대해 연구에 연구를 거듭하였다.

내가 대기업의 법인영업을 맡고 있을 때 주목한 것이 '직원 신상록'이다. 그것을 보면 부서명과 책임자의 이름이 명시되어 있다.

"○○회사의 ○○○라고 합니다. 1, 2분 정도 시간을 좀 내주실 수 있겠습니까? 저희 회사는 교육기재를 개발하고 있는데, 실은 귀사의 교육방침에 도움이 될 것 같아 한 말씀 올리려 찾아왔습니다. 주로 관리직의 의식개혁을 실현시킬 수 있는 프로그램을 교재로 만들었습니다. 같은 업계에서는 ○○사, △△사에서도 활용하고 있지요. 다른 여러 가지 교육정보와 아울러 귀사에 도움이 될 만한 것들을 알려드리고자 하오니……"

그런데 이때 상대도 한가한 사람이 아니기 때문에 "일단 팜플렛만 보내주세요."라고 말을 한다. 그러나 결국은 그것도 눈여겨봐 주지 않는다.

그러면 어떤 방식으로 접근해야 할까?

이럴 때는 "네……. 그런데 자료가 너무 많은지라 현재 사용중인 교재만큼은 직접 보셨으면 합니다."라고 당당히 말하도록 한다.

"바빠서 만날 수가 없어요."라고 하는 대답에는 "10분이면 됩니다. 잠깐만 시간을 내주시면 되니까 부탁드립니다."라며 인내심을 발휘한다.

거래처 "그것도 안 되겠는데요."

나 "정말 바쁘신가보군요. 바쁘신데 ○○○님께 무리한 요구만 해서 정말로 죄송했습니다. 직접 담당하시는 분에게 얘기하는 게 좋을 것 같네요. 그분이라도 꼭 좀 만나게 해 주십시오. 담당하는 과장님은 어느 분이십니까? 지금 계시면 말씀을 드리고 싶은데요."

| **거래처** | "아, 그래요! 그럼 △△△ 과장에게 돌려드릴 테니 그 사람과 얘기해 보세요." |

| **나** | "네, 알겠습니다." |

나의 목표는 원래부터 △△△ 과장이었기 때문에 이 정도면 성공한 것이다. 그러기 위해 일부러 더 높은 상사에게 전화를 한 것이다. 물론 상사와 약속을 잡을 수 있으면 더할 나위 없이 좋겠지만, 잡지 못한다 해도 △△△ 과장에게 확실히 '예스'를 얻어내면 되는 것이다.

| **나** | "상사이신 ○○○님께 여쭤봤더니……△△△ 과장님과 얘기해 보라고 해서요." |

| **△과장** | "아, 그러세요. 언제가 좋을까요?" |

| **나** | "가능하면 빨리 뵀었으면 하는데요……. 내일은 어떠십니까?" |

| **△과장** | "내일은 오후 4시 지나서부터 30분 정도 시간이 비는데, 괜찮겠습니까?" |

| **나** | "예, 충분합니다. 그럼 내일 오후 4시부터 30분간 시간을 내주십시오. 저는 ○○○라고 합니다. 잘 부탁드립니다." |

| **△과장** | "알겠습니다." |

(느낌에 수첩에 메모를 하는 것 같다.)

(2) 급한 성질을 꾹 누르고 끈질기게 협상에 임하라

여기 스카우트를 담당하는 한 사람이 있다. 그는 미국의 메이저와 마이너리그에서 세미 소사를 탄생시킨 인물이다. 또 도미니카나 자메이카, 쿠바 같은 중남미를 종횡무진 달리는 스카우터다.

그는 다름 아닌, 우시고메 고레히로씨다.

세상이 다 아는 프로야구 스카우터의 대가로 일본의 요코하마 베이스타스에 소속되어 있었고, 보비 로즈를 발굴해 냈다. 현재는 미국의 보스턴 레드삭스 구단으로 옮겼다.

그는 '설득의 달인'으로서 반드시 상대가 '예스'라고 말하게 만드는 사람이다. 그의 입장에서 보면 웬만한 스카우터들의 교섭술은 정말로 유치하고, 한심하기 짝이 없는 것으로 느껴질 게 뻔하다.

대부분의 스카우터들은 "예산은 이것뿐이다."라며 아주 분명하게 속셈을 드러낸다. 이것을 카드놀이에 비유한다면 미리 자신의 패를 상대에게 보여주는 것과 같은 것이다. 그런 사람들은 어영부영 상대의 눈치를 보다가 교섭페이스를 잡는 스타일이라고 말할 수 있다.

하지만 사실 스카우터가 처음에 말하는 금액은 상대에게 운을 띄우는 금액에 지나지 않는다. 거기서 시작하여 점점 올라가는 것이다. 결과적으로 말한다면, 스카우터들은 자신이 말한 최저의 가격으로 상대의 몸값을 굳혀 가는 작전을 피는 것에 불과하다. 물론 예산은 훨씬 높게 책정되어 있다.

하지만 우시고메씨는 이렇게 말한다.

"자신의 페이스로 교섭을 진행하고 싶으면 반드시 상대에게 먼저 구체적인 금액을 제시하라고 해야 한다. 상대는 물론 안 된다는 걸 알면서도 터무니없이 비싼 몸값을 부를 것이다. 그러나 거기서 서서히 낮춰 가면 된다. 이런 과정에서는 약간의 자만심도 필요하다."

예를 들어, 어떤 선수에게 50만 달러의 예산이 책정되어 있다고 하자. 그 선수는 대리인을 통해서 우선은 100만 달러 이상을 요구할 것이다. 그 다음부터는 협상을 하는 동안 거기서 금액이 점점 50만 달러로 내려간다. 이쯤 되면 웬만한 스카우터들은 조건 반사적으로 "OK!"라고 말할 것이다.

그러나 이때 우시고메씨는 목구멍까지 올라와 있는 말을 꿀꺽 삼킨다고한다.

"시침을 뚝 떼고 있으면 몸값은 더욱 내려가죠."

상대에게 '예스'라고 말하게 만들기 위해서는 많은 인내가 필요하다. 급한 성질을 꾹 누르고 끈질기게 협상을 해야 한다. 이것이 협상에서 이길 수 있는 포인트다.

완고한 자세를 보이는 상대에게는 이쪽도 강력하게 나가면 된다. 방법은 간단하다.

"이런 식으로 나가면 더 이상은 협상할 수 없다."

이렇게 선언하고 그 자리를 뜨면 되는 것이다. 계속해서 협상할 생각이 있으면 스카우터가 문을 나오려고 할 때, 대리인은 그가 머물고 있는 호텔을 반드시 물을 것이다. 그리고 채 몇 시간도 지나지 않아 연락이 올 것이다. 물론 그때쯤 되면 스카우터가 협상의 우위에 선다는 것은 두 말할 나위도 없다.

7. 서로에게 이득을 안겨주는 궁극적인 설득술

(1) 'No'라고 말할 수 있는 사람이 최고의 전략가

고객의 요구에 절대로 "노."라고 대답하지 않는 영업사원이 있었다. 그것은 그가 긍정적인 방향을 고려하여 창조적인 일을 하기 위해서가 아니었다. 그저 상대의 기분을 언짢게 하는 것을 꺼려했기 때문이었다. 이는 바람직하지 못한 처사다.

이런 영업사원은 상대가 요구하는 것은 뭐든지 들어주려고 하기 때문에 업무가 너무 번잡해진다. 결국 알짜배기 실적은 적고 필요경비만 눈덩이처럼 불어나기 마련이다.

"이건 어렵겠는데요." 또는 "관련이 있는 부서에 상당한 폐를 끼치겠어요."라고 하는 조정의 역할이 필요함에도 불구하고, 너무 쉽게 "네, 그렇게 해드리지요."를 남발하여 나중에는 약속한 것을 다 이행할 수 없는 사태에 이른다. 결국에는 회사나 고객과의 트러블로 확대되기도 한다.

왜 이러한 상황에 빠지는 걸까?

이런 타입의 영업사원은 근시안적인 생각밖에 못하기 때문이다. 작은 것에 집착한 나머지 전체가 보이지 않는 것이다. 눈앞의 신용을 얻기 위해 약속을 남발하고, 그 약속을 이행할 수 없게 되면서 더

많은 신용을 잃는 잘못을 범하는 것이다. 그에게 악의는 없다. 단지 마음이 약한 것뿐이다.

하지만 이렇게 물렁물렁한 타협은 비즈니스 상황에서 백해 무익하다.

물론 언제나 "No, No!"만 외치며 매정하게 거절하는 것도 도리가 아니다. 그러므로 상대에게 '노'를 자연스럽게 전달하는 기술도 익혀둘 필요가 있다.

중요한 것은 긍정적이고 적극적인 '노'를 수용할 줄 아는 고객들이 있다는 사실을 깨닫는 것이다.

거래처 "갑자기 꺼내는 얘기라서 미안한데, 납기일을 좀더 단축시킬 수 없을까?"

영업사원 "얼마나 말입니까? 서둘러 공장과 조정을 해 보겠습니다. 그러나 그것만도 꼬박 하루는 걸릴 것 같습니다. 그리고 공정에 들어가면 아무리 빨라도 사흘은 걸리겠는데요."

거래처 "그렇군. 최소한 해도 사흘이나 걸리는군. 어쩔 수 없지. 이쪽에서도 방도를 짜보겠네."

이 경우는 '노'라고 직접 말하는 게 아니라, '예스'가 될 수 있는 경우는 바로 이런 때다 하는 것을 반대로 고객에게 제안하는 것이다. 그러면 이번에는 그 제안을 받아들일지 어떨지를 선택하는 순간이 고객의 몫이 된다.

거래처 "가격 말인데, 좀더 깎아줄 수 없겠나? 상당히 많이 샀지 않나? 이젠 자네 회사의 손익분기점도 상당히 내려갔을 텐데. 깎아줄 수 있는 거지?"

영업사원 "가격은 최대한도로 해 드린 겁니다. 양해해 주십시오."

거래처 "그렇게 말하지 말게. 구입할 수 있는 곳은 얼마든지 있다네. 그러니 그렇게 딱 잘라 말하지 말고 오랫동안 거래해 왔으니, 한번 검토해 주게."

영업사원 "예, 알겠습니다. 본사에 들어가서 조정해 보겠습니다."

거래처 "그럼 부탁함세."

이 때도 '노' 라고 말하지 않고 상대가 '예스' 라고 말할 수 있는 조건을 반대로 제안해 본 것이다.

영업사원 "결정됐습니다, ○○○ 부장님."

거래처 "과연 빠르군. 역시 가격은 조정됐겠지?"

영업사원 "예, 하지만 몇 가지 양해해 주셔야 할 게 있습니다."

거래처 "아니, 무슨 소린가?"

영업사원 "우선 제조법이 같은 것들은 한데 모았으면 합니다. 1회의 주문량을 늘리면 단가를 낮출 수 있으니까요. 그리고 물품 지불은 꼭 현금으로 부탁합니다. 마지막으로 어음을 좀 단축시킬 수 없을까요?"

거래처 "아이구 더 빡빡해졌구먼. 그렇게 요구사항이 많다면 그냥 이대로가 좋겠네."

이 경우에도 역시 "노!"라고 말하지 않고도 자연스럽게 '노'와 다름없는 효과를 발휘했다. 그리고 어느새 "예스!"라는 말까지도 얻어냈다.

이런 협상의 노하우는 고객의 요구를 만족시키는 데에만 초점을 두면 절대로 습득할 수 없는 테크닉이다. 협상에서는 고객의 요구를 실현시키면서 영업의 이득도 충족시켜야 만족한 결과를 얻은 것으로 볼 수 있다.

♠성공대화 키워드 KEYWORD

어느 한쪽은 이득을 보고 다른 한쪽은 손해를 보는, 그런 비즈니스 관계는 오래 지속되지 못한다.

영업자와 고객, 양쪽 모두가 승자가 되어야 한다. 마케팅의 세계에서는 이것을 '윈윈(win-win)의 관계'라고 말하는데, 결코 어려운 일이 아니다. "팔아서 기쁘고, 사서 즐겁다." 또는 "상대방을 높여야 자신도 올라간다."라는 생각만 갖고 있다면 '윈윈 전략'은 실현될 수 있다.

(2) 협상의 키워드를 찾아라

협상에 임하면 누구든 각자의 이익 추구에 최선을 다한다. 상대방의 이득 앞에서는 한 걸음 뒤로 물러서고 나의 이득은 먼저 챙기는 것이 당연한 일이다. 그러나 자신과 자기가 속한 회사의 이익에만 집착하면 상대방의 입장이나 보다 넓은 미래를 보지 못하는 실수를 저지르게 된다. 이 때문에 협상에서 커다란 문제가 발생되기도 하며, 때로는 협상 자체가 불가능해지도 한다.

이러한 장애물을 뛰어넘을 수 있는 방법은 없을까?

서로간의 입장을 위한 생각과 양보의 자세는 협상에 있어 매우 중요한 키워드가 된다. 따라서 상대의 입장을 조금이라도 이해하려고 노력하는 마음가짐과 양보의 자세는 협상을 성사시키는 데 있어 필수적인 것이다.

어떤 협상에 있어서도 100%의 일방적인 획득이란 있을 수 없다. 내가 얻는 것이 있으면 상대방 또한 반드시 얻는 것이 있어야 협상이 된다. 즉, 적당한 타협점을 찾아 서로간에 양보가 있어야 협상은 순조롭게 진행될 수 있다.

▷ 양보의 미덕을 살리는 협상의 노하우 ◁

① 자신이 할 수 있는 양보의 마지노선을 정확하게 밝힌다

상대의 감정에 호소하는 말이나 설득 등으로 자신이 양보할 수 없

는 부분까지 일방적으로 손해를 봐가며 협상을 진행할 수는 없을 것이다. 그러므로 협상에 앞서서는 자신이 양보할 수 있는 선을 미리 마음속으로 그어놓고, 최악의 상황에는 여기까지 양보할 수 있다는 마음의 준비를 해 두는 것이 바람직하다.

자신이 생각했던 것보다 조건이 불리하고, 사전에 예상했던 부분보다 더욱 많은 점을 양보해야 한다면, 이 협상이 꼭 필요한 것인지 다시 한 번 고려해 봐야 한다.

② 양보는 협상을 주도하는 사람의 선심이나 아량이 절대 아니다

양보하는 것은 물론 좋은 일이지만, 협상할 때에 양측 모두 대등한 위치에서 협상을 하는 것이므로, 어느 한쪽이 지나치게 우월하고, 높은 권위를 가지고 있어서는 안 된다. 협상할 때 중요한 것은 양쪽의 위치를 대등하게 조율할 줄 알아야 한다는 것이다. 대등한 입장에서 각자의 손익이 실리적으로 조화를 이룰 수 있는 협상을 거쳐야 평등한 협상이 될 수 있다.

협상에 있어 양보를 하는 것은 한쪽이 지나치게 낮고, 불리한 입장에서는 진행될 수 없는 것이다. 왜냐하면 협상이라는 것은 서로 대등한 입장에서 각자의 실리를 추구하기 위하여 이야기하고, 또 조율하는 것이기 때문이다.

③ 양보하는 범위에 대해서는 서로가 공감해야 한다

한쪽의 일방적인 요구를 다른 한쪽에서 공감하지 못한다면 그 요구는 소용력을 잃게 된다. 그러므로 협상할 때에는 자신들이 요구하

는 부분에 대한 충분한 근거와 자료, 그리고 서로가 합의하고 공감
할 수 있는 범위 내에서 이야기가 오고가야 한다.

'이렇게 할 수밖에 없는 이유는 무엇 무엇이다.' 라든가 '왜 이렇게
하지 않으면 안 되는가.' 라는 타당한 이유와 충분한 근거 자료, 그리
고 이에 합당한 요구조건 등을 내세웠을 때만이 협상은 그 진가를
발휘 할 수 있는 것이다.

3분 안에 OK를 받아내라!

초판 1쇄 발행일 | 2002년 9월 16일

지은이 | 나카지마 다카시
옮긴이 | 최현숙
펴낸이 | 김철수
펴낸곳 | 아이디북
등록번호 | 제 10-1371호 / 1996년 12월 3일
주소 | 서울시 마포구 상수동 231번지 호수빌딩 301호
전화 | 02) 322-9822
팩스 | 02) 322-9826